让灵魂跟上脚步

——公职人员心理调适10堂课

史占彪　闫洪丰　主编

华夏出版社
HUAXIA PUBLISHING HOUSE

图书在版编目（CIP）数据

让灵魂跟上脚步/史占彪等著.—北京：华夏出版社，2011.1（2011.5重印）
ISBN 978-7-5080-5973-0

Ⅰ.①让… Ⅱ.①史… Ⅲ.①公务员－心理卫生 Ⅳ.①D630.3②R395.6
中国版本图书馆CIP数据核字（2010）第191555号

版权所有，翻印必究

让灵魂跟上脚步

顾　问：傅小兰　张　璐
主　编：史占彪　闫洪丰
副主编：宋　飞　杨　莉　张海峰
编　委（以姓氏笔画为序）：
王　力　王　詠　刘正奎　孙向红　张　鹏　李春秋
胡维忠　黄发源　傅春胜　董小燕　廉志凯　霍妍丽
审　校：李安林　张建新
作　序：张　侃
责任编辑：李欣利

出版发行：华夏出版社（北京市东城区东直门外香河园北里4号 邮编：100028）
经销：新华书店　　　　　　　　　开本：670×970　1/16开
印刷：三河市李旗庄少明装订厂　　插页：1
装订：三河市李旗庄少明装订厂　　字数：154千字
版次：2011年1月北京第1版　　　 印张：15.75
印次：2011年5月北京第2次印刷　　定价：32.00元

本版图书凡印刷、装订错误，可及时向我社发行部调换

目 录

序言 /001

开篇　让灵魂跟上自己的脚步 /001

　　人们最出色的工作往往是在处于逆境的情况下做出的。思想上的压力，甚至肉体上的痛苦都可能成为精神上的兴奋剂。

——贝弗里奇

第一课　少年壮志不言愁——情绪管理 /023

　　人生是一串无数的小烦恼组成的念珠，乐观的人总是笑着数完这串念珠。

——大仲马

第二课　明明白白我的心——沟通艺术 /041

　　一个人必须知道该说什么，一个人必须知道什么时候该说，一个人必须知道该对谁说，一个人必须知道该怎么说。

——现代管理之父·德鲁克

第三课　智取威虎山——管理艺术 /063

　　一只狮子带领的九十九只绵羊可以打败一只绵羊带领的九十九只狮子。

——拿破仑·波拿巴

第四课　匆匆，太匆匆——时间管理 /083

　　时间是由分秒积成的，善于利用零星时间的人，才会做出更大的成绩来。

——华罗庚

第五课 我的未来不是梦——职业生涯规划／105

　　人要有生活目标，一辈子的目标，一段时期的目标，一个阶段的目标，一年的目标，一个月的目标，一个星期的目标，一天的目标，一个小时的目标，一分钟的目标。

——托尔斯泰

第六课 敢问路在何方——职业倦怠／127

　　如果能发现工作的乐趣，人生就是天堂！

——歌德

第七课 爱拼才会赢——工作态度／147

　　做最好的自己就是要保持良好积极的工作态度。

——李开复

第八课 阳光总在风雨后——挫折应对／171

　　即使跌倒一百次，也要一百零一次地站起来。

——张海迪

第九课 知心爱人——婚恋情感／197

　　幸福的婚姻不仅需要交流思想，也要交流感情，把感情关在自己心里，也就把对方推到自己的生活之外了。

——奥斯汀

第十课 亲亲我的宝贝——亲子关系／221

　　孩子们的性格和才能，归根结底是受到家庭、父母的影响。孩子长大成人后，社会成为锻炼他们的环境。学校对年轻人的发展也起着重要的作用。但是，在一个人身上留下不可磨灭的印记的却是家庭。

——宋庆龄

后记／243

序 言

我国正处在社会转型时期，经济快速发展，社会不断进步。在发展变化大的年代，工作、生活节奏因而明显加快，人们时常会体验到一种紧迫感，心理压力明显增加。心理压力的增加，一方面激发了工作积极性、创造力，另一方面，过重的压力也给人们的生活质量、工作效率带来负面影响，甚至衍生出某些复杂的社会问题。这一现象已经得到了党和政府的高度重视，十六届六中全会指出，"全社会要注重促进人的心理和谐，加强人文关怀和心理疏导"，"加强心理健康教育和保健，健全心理咨询网络，塑造自尊自信、理性平和、积极向上的社会心态"。

公务员作为我国社会生活中一个特殊的公职群体，是党和国家各项事业的中坚力量，公务员的心理健康状况不仅关乎其生活质量的提高和自身素质的提高，而且直接影响着行政效率的高低，影响着党和政府的形象。目前政府各职能部门面临着越来越多的发展机遇和复杂形势，对公务员的要求也越来越高，而公务员改革实行竞争上岗制、问责制、公开选拔制等措施，也给公务员带来不小的压力。同时工作中的人际关系、职业困惑以及个人生活中婚姻家庭等现实问题，从各个层面对公务员群体都构成了不同程度的冲击。提高公务员心理健康水平，增强心理调适能力，提高综合心理素质，不仅可以保障他们的身心健康，更是构建和谐社会的重要方面。

本书编者既有长期从事国家机关心理健康讲座和心理咨询服务工作的心理咨询专家，他们积累了国家机关心理健康咨询相关工作感受和汶川震后、玉树震后的危机干预工作经验，有着丰富具体的现实案例；也有本身就在机关从事党务工作和青年工作的在职公务员，熟悉了解机关工作，关注和了解公务员的各种困惑和现实压力。因此本书既保证了提升心理素质、调适心理压力的专业性和科学性，也贴近机关公务员的实际情况，有相当的针对性和可读性。本书是编者结合公务员所亲身经历的真实事例进行加工，涉及压力应对、工作态度、职业规划、时间管理、婚姻情感等12个方面，每个案例都提供了从分析到解决的方案，深入浅出，贴近公务员人群的真实生活和心理需求，从科学心理学实验、心理学效应等专业角度加以解释并辅以建言，兼具生动性、科学性和指导性，意在帮助公务员提高自我效能感，培养积极、乐观、坚韧的心态，增强情感智商，发展多种压力应对方式，整体提升心理资本。

除了个体自身调节外，公职人员群体的心理健康，还需要机关、单位在组织层面加以重视。党的十七大报告提出："加强和改进思想政治工作，注重人文关怀和心理疏导，用正确方式处理人际关系。主要强调了采取科学的方式去引导、帮助人们面对和疏导心理问题的重要性。"我们需要将公务员心理健康辅导与党政机关思想政治工作相结合，不断积累经验，结合实际，本书是一个值得关注的尝试。相信，随着党和国家对公务员心理健康的日益重视，随着心理专业人员和机关党务工作者的不断努力，我国公务员心理健康服务体系必将更加完善，广大公务员一定会有更加轻松、自然、惬意的心态，保持高效、积极、奋进的状态。

张侃

中国科学院心理研究所研究员

发展中国家科学院院士

中国心理学会理事长

(2001—2005 年，2005—2009 年)

国际心理科学联合会副主席

(2008—2012 年)

2010 年 11 月

开篇　让灵魂跟上自己的脚步

把握生活的节奏，调和生命的旋律，寻找生存的意义，让灵魂跟上自己的脚步。

——编者

人们最出色的工作往往是在处于逆境的情况下做出的。思想上的压力，甚至肉体上的痛苦都可能成为精神上的兴奋剂。

——贝弗里奇

机关故事

小余今年33岁，刚毕业的时候选择成为公务员，进了机关，觉得很有发展前途。然而，虽然有了个"位子"，刚刚工作不久就面临"房子"的压力，由于工资实在不多，家底也不够殷实，所以就错过了那几年房子价格不高的购房良机，现在房价上去了，自己的承受力显得越来越不足，几年来顺利地结婚、生子，只能一直住在狭小的单身公寓里，夫妻都要上班，没时间管孩子，岳父岳母来家里照看孩子，原本不大的空间，挤了5口人，更是无处下脚，于是妻子的抱怨，岳父岳母的不满，整天包围着他，给他无形的紧迫感。工作中，小余非常努力，每天一上班就马不停蹄地应付各种事务，而立之年的他是单位的业务骨干，大事、小事领导都要找他，他也觉得年轻人多干点没错，就都大包大揽地承担下来，晚上还经常有很多应酬。为了今后的发展，他还利用周末时间在上MBA在职研究生班，因此常常是一回到家就倒在床上，然而一次错误的部门调动，让他错过了升迁的机会，家里家外的很多事逐渐让他感到有些喘不过气来⋯⋯

让灵魂跟上脚步

一位欧洲的探险者到南美去探险。为了穿越一片雨林，他雇佣了两个印第安人做向导，一路上非常顺利，没有遇到太多的麻烦。然而走到第四天的时候，眼看着就到森林的边缘了，两个印第安人说什么也不走了。探险者非常不解地问："为什么？"

一个印第安人坚定地回答说："在我们印第安部落有一个规矩，旅行三天之后必须要休息一天，这样才能让灵魂跟得上自己的脚步！"

让灵魂跟得上自己的脚步！你的灵魂跟得上你的脚步吗？

快节奏的城市生活、机关里面繁重劳累的工作、纷繁复杂的人际关系、家庭亲属之间的家长里短，让我们感到紧张不安，身心疲乏，给我们带来越来越多的紧迫感、郁闷感、失落感，现在我们很流行地把它概括为——心理压力太大。毫无疑问，心理压力，正在成为破坏我们身心健康、影响我们工作效率的罪魁祸首。在强大的心理压力影响下，我们会感到紧张不安、失去热情、容易疲劳、孤独抑郁。长期的精神紧张还会引发心脏病、糖尿病、胃肠炎等多种身心疾病。精神不振、病患缠身，会导致我们工作效率低下，人际关系不良，难以适应工作与生活。也许我们并不是天生的工作狂，然而迫于生活与竞争的现实压力，总是无法让自己停下来。在许多人的内心中都难免面临一种恐惧：一旦自己脚步放慢，等待自己的命运可能就是被淘汰！于是不停地工作、不停地应酬，换来的是身心疲惫、神情麻木、精神空虚。印第安人是质朴的，也是聪明的，他们知道：水倒得太满会溢出来，弓拉得太开会折断，三天劳作后的一次休息，正是为了将来积蓄更多的力量，了解自己、关爱自己，把自己从沉重的精神枷锁中解救出来。积极地面对压力，学会管理压力，让灵魂跟得上你的脚步，就成了我们现代人的必修课！

　　由于小余工作、生活上的重重压力，让他看起来比实际年龄成熟些，外表温文尔雅的他在家里常常莫名其妙地发脾气。平时工作很忙，只有周末偶尔在家看看孩子，却常常没有耐心，动辄就大打出手，对妻子也是时常大吼大叫，妻子虽然脾气好，也快无法忍受了。有时候和朋友们一起聊天，他也知道自己不应该那样对妻子、孩子，但是常常不能自控地就发脾气。随着生活节奏的日益加快和职场竞争的日益加剧，很多公务员的压力感也越来越强烈，小余这样的情况又岂止他一人呢？每个人都或多或少地感受着压力对自己身心所带来的影响，一方面自己承受着这份压力，受尽折磨，另一方面又把它转嫁给了周围爱我们的人，然而我们往往对自己的压力来源不能名状，更不清楚如何健康有效地缓解那些令人心力交瘁的压力。

很多人可能会觉得国家公务员那不是"一杯清茶一支烟，一张报纸看半天"，十分的悠闲自在的工作吗？其实那已经是过去时了，现在的机关工作人员，也就是当今的公务员压力越来越大，并非其他人想象的那样轻松。公务员的压力表现主要有：抑郁，对日常活动兴趣显著减退，对前途悲观失望，遇事常往坏处想；工作倦怠，主要表现为缺乏工作激情，对工作越来越不感兴趣；人际关系紧张，同事之间面临升职竞争，上下级关系也颇微妙，由此造成心理压力；职业成就期待，主要表现为期待专业对口，期待升职，期待获得上级认可；人格冲突，现有政治体制的弊端，最容易让公务员心理失衡。

工作压力是当前全球性的热点话题，压力既是一种强大的推动力，也是一个影响工作绩效和职业健康的消极因素。如何了解压力并利用和管理好工作压力，是我们快乐工作、幸福生活的基础。

压力无处不在

有些人可能奇怪，你们有工作，而且还是不错的工作，令很多人羡慕，哪儿来的那么大压力，真是无病呻吟。实不知压力的来源是非常广泛的，每个人承受压力的能力也不同，对压力的感受也是不同的，所以不能一概而论，那么我们所感受到的压力主要来自于哪里呢？

来自心理的压力。公务员代表着国家和各机关单位的形象，公众对公务员的期待较高，从大的方面说必须对国家、对社会、对公众、对自身负责，而心理压力往往来自这种责任感；从小的方面说压力主要来自工作量大，领导要求高，很多事情都是责任制，落实到每个人身上，压力会比较大；还有诸如自己的才能得不到充分发挥，晋升的压力和复杂的人际关系等等。

来自工作的压力。现在机关公务员的工作事务繁杂，很多都有量化指标，要面对每天、每月、每季、每年的考核；要求有更多的责任心，只要造成不良影响和后果，都要受到问责；工作量不断增加，工作质量要求高，时间要求紧等等都是一种无形的压力。公务员的入职考试、选拔的竞争越来越激烈，每年的公务员考试盛况惊人。从能力上来说，谁也不比谁差，都是人精儿；从关系上来说，如果说能够通过如此激烈、严肃的竞争靠关系进入，那也不是一般的关系；因此竞争、升职压力大，同时存在认同压力，自己工作很努力，但很难得到认同。

来自业务成长的压力。现在是信息时代，体现在机关工作上更为明显，知识更新很快，面对新形势的需要，要不断地加强政治理论的学习、业务技能的学习，不断地加强公务员的培训等等，因此，公务员要面对经常的学习培训、业务考核、职称考试、技能测试等等，这一切迫使你必须不断地学习，学习压力越来越大。

来自人际关系的压力。机关单位里人际关系是比较复杂的，表面上单位规模较大、部门较多，打交道的人也多，所以可能朋友很多，然而真正的知己，能说知心话的、能分享心情的人越来越少，不小心说错话、站错队可能就会对自己的岗位甚至升迁带来影响，因此会产生强烈的不安全感，孤独感。

来自婚恋家庭的压力。机关公务员虽然工作稳定，收入有保障，但是难于成为高收入者，注定不能给家庭带来惊喜，而现在的年轻公务员入职后不久就要面临结婚、生子、赡养四老的重任，无论是从经济上还是从精力上都可谓不易，尤其是近几年工资不涨，房价、物价飞涨，压力很大。

遇到压力时，我们很自然会想到外部原因，其实压力的来源并非完全都是外界因素，而是很大程度上源自于人内心对所处的环境和遭遇的事情如何看待，同样的事情，不同的人会有完全不同的反应，周围发生什么事情并不是最重要的，最最重要的还是你如何看待它。例如，同样是拜访领导，有的人由于害怕领导拒绝而感受到了负面压力，而有的人则充满信心地期待与领导侃侃而谈，展示才华；同样是被领导批评，有的人会难过，会抱怨，而有的人却把它当做前进的动力和激励，继续努力。

著名的成功学专家安东尼·罗宾斯在他的畅销书《唤起心中的巨人》中生动地阐述了上面的观点：一个人冷酷无情，嗜酒如命并且毒瘾很重，某次因为看不惯一个酒吧的服务员，将其杀死，犯了杀人罪，被判处无期徒刑。他有两个儿子，年龄相差一岁，其中一个跟他的父亲一样有很重的毒瘾，靠偷窃为生，目前也因为犯了杀人罪而被判入狱；另一个却大不相同，他担任着一家集团公司的分公司经理，有美满的婚姻，既不喝酒也不吸毒。为什么同一个父亲，在相同的环境中长大的两个儿子，两个人的命运会如此不同呢？在对两人私下的访问中，我们得到的答案相似又不同，第一个儿子说："有这样的老子，我有什么办法呢？我只能耳濡目染了。"另一个儿子说："有这样的老子，我有什么办法呢？我只能自己走自己的路了！"

压力影响身心意

让我们来看看小余的情况，无非也是以上几方面：工作头绪多，界限不明，学习压力重，家庭负担大，家务事繁多。由于上述工作、生活上的压力已经导致了小余生理上产生了反应，包括精神紧张，容易疲劳，偶尔会有无名的头痛，背经常酸痛；情绪低落，容易生气，感到生活枯燥，缺乏情趣和快乐，甚至对未来产生迷茫。分析原因我们不难发现：小余正处于中青年的阶段，由于工作的繁忙基本上没有时间锻炼身体，体力比几年前明显下降，工作上是业务骨干，家庭、孩子、老人都需要较多的照顾，个人又特别有进取心，导致目标多，压力大，体力透支；在缺乏调节的情况下，时间一长，身心疲劳，就会表现出明显的压力综合症状。

从众多实例中我们发现在一个压力事件发生之后，在一个人的内在会造成许多影响，可以归纳为以下几方面的影响，身体方面，头晕、头痛、肌肉疼痛、出汗、发冷、呕吐、反胃、腹泻、背痛、胸痛；认知方面，思想迟缓或混乱，不能集中，记忆力减退，时间迷乱，分析力及解决问题能力减弱，不能保持客观；情绪方面，焦虑、愤怒、烦躁、内疚、震撼、责备、惊恐、伤感；行为方面，很难表达自己的思想或感觉，过度活跃，效率减慢，对药物、酒精、烟更加依赖，孤立自己，容易发脾气。上述这些表现中包括了对事件的情绪、生理与行为反应，这就是我们可感受、可觉察、可诊断的压力反应，当我们在工作中倍感压力的时候，我们不妨对照以上表现来进行自查，如果在许多方面都有表现，那就要对自己的压力进行监控和管理了。

压力也是必需的

压力是生活的内容之一，伴随着人的一生，谁都不可能避免。在压力之下，人们会有不同的反应，有的人积极乐观，越战越强，越挫越勇，不断成长、成功；有的人却无所适从，心浮气躁，牢骚满腹，怨天尤人，在惶惶然中一事无成；也有的身心俱疲，积劳成疾，或重病缠身或英年早逝。区别就在于你怎么看待压力。没有良好的心态不仅心理危险，机体也危险，人们的心理压力越重越容易生病，如感冒、慢性病，甚至易患危及生命的疾病。而且，在高压之下，也不容易看到光明，无法享受生活中的美好和乐趣。面对压力，我们往往第一件事想到的就是缓解压力，战胜压力，我倒是觉得我们要做的第一件事是接纳和适应压力，我们看到很多机关干部工作的时候非常繁忙，没日没夜，压力很大，这时可能每天都想着怎么能缓解压力，可是真的有一天压力没了，放松了，比如退休了，却得起病来，这一现象在很多退休人员中都会发生，究其原因，就是他已经接纳和适应了有压力的工作状态，所以即使工作压力很大却可以保持健康，而一旦退休反而不适应了。

压力不完全是坏影响，其实它也有积极的、有价值的一面。我们常常说"压力就是动力"，压力意味着潜在的收益机会，能激发出人的最大潜能，例如，运动员或舞台演员在"紧要关头"往往会有超水平的发挥。用心理学原理来解释，我们不妨了解一下心理学中的"耶基斯—多德森定律"，这是一个反映压力和动机水平与工作效率关系的定律。其认为在一定限度内，随着压力和动机水平的提高，工作效率也随之提高，超过这个限度，工作效率随之降低。最佳工作效率的动机水平为中等，但因工作复杂的程度而略有差异。研究发现，压力和动机的最佳水平随任务性质不同而不同。随任务难度的增加，动机的最佳水平有逐渐下降的趋势。也就是说，在难度大的任务中，较低的动机水平容易完成任务。适度的压力和动机水平，易于维持个人对工作的兴趣和警觉，同时减少焦虑对工作的影响。了解了"耶基斯—多德森定律",我想我们就不必再执著于想办法如何战胜压力了,而是首先接纳压力、适应压力,然后让我们的压力水平与我们的工作任务相匹配,在我们可承受的范围内提高我们的工作效率。

压力管理有策略

我们说要接纳和适应压力,并不意味着我们就对压力置之不理,也不能进行单纯的"减压",而应该进行"压力管理"。没有压力或者压力很小的人可能生活缺乏激情和目标,时间久了也会感到无聊和茫然,当然工作效率也高不了,这样的状态在现代的职场是很危险的,这就需要给自己适当地增增压,增加一点努力的动力,给自己定一些目标、提一些要求,这样有助于提升生活质量、提高工作效率。而对于压力过大者,长期生活在高压状态下,身心症状甚至疾病就会随之而来,同时工作效率也会大大降低,这部分人群需要的就是给自己"减减压"。在对压力具体进行管理时,应对自己压力来源做具体而全面的分析,然后再寻找合适的方法进行压力管理。

对于我们来说,管理压力的第一步是要了解和觉察到压力。自觉是治疗的开始。任何事情,当我们想要改变它时,前提一定是我们已经觉察到这个问题了,管理压力也是如此。我们首先要知道当自己面对压力时,我们的身体和大脑是如何反应的。虽然面临压力时每个人的反应是不一样的，但是在情绪和行为方面也会表现出某些共同点，要想有效管理压力，首先要有觉察。面临压力时，很多时候我们是处于无意识的状态，任由长期养成的习惯来产生一系列的本能反应模式。有效管理的第一步是要有觉察，要建立一个对付压力的预警系统。好好想一下，当你受到压力时，身体和情绪上会有什么样的反应？然后锁定这些反应，以后每当你要进入这些习惯性的反应状态时，就马上在心里暗暗向自己发出警告。这是压力管理的第一步，它将赋予你强大的力量，帮助你减少压力，为什么呢？因为它就像你在对抗压力这场战争中的雷达一样，提高你对压力的敏感度。当你对压力有所觉察后，就会有意识地控制自己不陷入压力。经过长时间的磨炼后，会大大提高你的控制力。当你能够控制住自己时，每当面临压力，你会把自己置于一个行为习惯的岔路口，可以有意识地选择自己的反应模式。这将使你成为压力的主人，而不会沦为它的奴隶。

  然后是寻找方法，当人们想要"减压"时，最初的反应便是"迎击"，或者"逃避"。事实上在与压力的针锋相对的刚性斗争中，人的身心往往也会受到伤害，即使战胜了所谓的压力、困难，也是"杀敌1000，自损800"，导致身心疲惫。欧美的心理学专家提出"压力管理学说"，主张通过幽默，控制情绪、动机、态度，放松神经训练，食物疗法，呼吸训练，想象、视觉化训练等方法，来有效地缓解和释放压力，减少和消除压力的恶劣影响。最重要的是自己要学会放松，实现压力的自我管理、缓解和释放。公务员对于缓解和释放压力，有必要掌握一些柔性的心理策略和科学方法。当遇上压力的时候，要仔细地区分一下，是长期压力还是短期压力，是突发性、急性的压力，还是缓慢性、进展性的压力，分析压力的种类，做到对症下药，有的放矢，更快更好地解决问题。

接下来我们需要去实践：重新分析自己的目标定位，集中力量在少数重要的、我们力所能及可以改变的方面，减少精力在次要方面的投入；管理和控制好自己的时间，妥善计划和实施，提高工作有效性和效率；留出一些闲暇时间，从事一些轻松的活动，调节情绪，恢复体力，建立积极的心态。人的大脑随着物种的进化和社会的进步价值观得以发展，对不同事物有着主观的看法，会给周围发生的事情不自觉地贴上自己的观点，潜意识会告诉自己是好是坏。当遇到一些自己认为是好的事情，大脑就会产生好的情绪，比如平和、自由、骄傲、自信、幸福等；当遇到一些自己认为不好的事情时，就会产生不好的感受，比如沮丧、悲伤、自卑、没有成就感等等。其实事物本身并没有好坏之分，是人主观给它下了某个定义，选择了好或者坏，不同的选择带来的结果截然不同，所以凡事告诉自己，选择一个积极的结果，对自己是非常有益的。

你要记住压力并不可怕，压力是可防可控的，可以进行管理的，也是可以为我们所用的。

调整生活方式

  每个人对压力的承受能力也是不同的，调控能力和适应压力强的人，其心理承受能力强，可以自行调节自己的生活和工作节奏以处理和缓解压力。心理调适能力弱的人工遇到压力时，可能不能及时主动地调控压力，这时可以充分利用身边的资源，如朋友、家人、领导、咨询师或者医生帮助我们进行压力管理。归纳起来进行压力管理可以分为调整生活方式、学会放松、认知改变、咨询辅导四种方式。

  关于调整生活方式，如调整睡眠、运动、饮食等方面，对于压力管理的好处是不言而喻的。研究睡眠的专家认为，如果希望身体机能保持最佳状况，每天就该有 7～8 小时的睡眠。睡眠不到 4 小时的人，死亡率比睡 7～8 小时的人高两倍半，而睡眠超过 10 小时的人，死亡率比只睡 6～7 小时的人高一倍半至两倍。研究显示，短缺睡眠 4 小时，就足以降低 45% 的反应能力。因为睡眠不足，减少的工作效率和创造力多达 25%～50%，所犯错误多达 25%～50%，而增加的厌烦感至少在 30%。睡眠不论是在时间管理还是压力管理中都扮演着极其重要的角色。运动是压力机制，也是恢复机制。运动时，几乎全身的细胞都受到影响。脑部的压力被冲刷掉，肾上腺素和脑内啡的分泌可扫除愤怒、恐惧、悲哀或沮丧等负面情绪，体育运动、家务劳动等对减轻压力是非常有益的。饮食和营养肯定会影响人的精力水平。现在吃什么、喝什么必然会影响到你几小时后的精力水平，而平时的饮食习惯会决定你的综合精力水平，工作繁忙、压力过大往往影响我们正常的饮食，这必然加重我们的压力反应。

减少价值条件化

现在人越来越不懂得休闲，在逐渐迷失自己，找不到自己的目标和方向。周华健有一首歌叫《忙与盲》歌中唱到：我来来往往我匆匆忙忙，从一个方向到另一个方向、忙忙忙忙忙忙、忙是为了自己的理想、还是为了不让别人失望、盲盲盲盲盲盲、盲的已经没有主张、盲的已经失去方向、忙忙忙盲盲盲、忙的分不清欢喜和忧伤、忙的没有时间痛哭一场……这首歌就是现在多数都市上班族生活状态的真实写照。我们感到工作、生活的压力很大，每天从早到晚不停地奔波，有时会对自己的未来充满信心，而有时却也会产生迷茫，"我这么努力工作，升职、拼命的赚钱，是为了什么？是为了自己的理想还是为了不让别人失望？"可忙碌的生活容不得我们仔细思考，又在催促我们赶快上路了，否则我们就会落于人后。

我们都在追求幸福，渴望能有能多的钱，住更大的房子，开更好的车，给孩子更好的教育……我们努力工作，工作不仅带给我们经济上的保证，领导的鼓励、取得的成绩、晋升的职位也能让我们获得心理上满足。而我们却忘了关心自己，照顾自己的身体和内心真正需要的东西。

我们都是有惰性的，渴望追求舒适、安逸的生活。当我们在一个阳光明媚的上午躺在草地上晒太阳的那种安逸，就是在体验回归婴儿的状态。在我们刚出生开始的几个月里，几乎每天就是吃喝拉撒睡，身体没有不舒服的感觉，我们就会很安静和安逸地躺在。可随着年龄的增长，我们不能一直这样自在的生活下去，成为一个社会化的人就要按照父母、社会的标准去行为，这使得我们自身的价值被赋予了各种各样的条件。

"价值条件化"是由美国著名心理学家罗杰斯提出的，它是指：当一个人的行为得到别人的好评，被别人赞赏时，这种需要得到满足，人会感到自尊。我们的行为常常内化了的别人的、社会的价值规范的指导。例如，当我们在单位受到了领导的嘉奖，我们会感到很自豪，自尊心得到了满足。为了能再次体会到这种良好的感觉，我们会努力工作，期待下次的奖赏。久而久之，使自己处处为别人着想、为他人而活，整天为了讨得别人的欢心而处于高度的紧张状态，最终使得自己身心疲惫、心力憔悴、痛苦不堪。慢慢地迷失了自己，到底什么是自己真正需要的？

在"价值的条件化"观念的驱使下，会使人的真情实感被包裹起来，看似很阳光、其实很忧郁，如果这种压力长时间找不到合理的渠道进行宣泄和释放，那么就很容易引发严重的心理问题。为了减少受"价值条件化"观念的影响，建议大家不妨多去这样想一想：

◇ 别人的夸奖、鲜花、掌声真的是你需要的吗？这些背后你渴望的是什么?

◇ 你没有那么多的观众,别那么累,多考虑自身的感受。

◇ 付出有时不一定有结果,坚持可能会失去更多。

◇ 学会放弃,因为拽得越紧,会伤得越痛。

◇ 过去的事可以不忘记,但一定要放下。

◇ 有时候抱残守缺,还不如整个放弃。

◇ 选择放弃定有机会,放弃选择绝无机会。

学会放松身心

会工作更要会休闲,从事自己喜欢的兴趣爱好活动,可以缓解压力。在每日工作之余,简单的放松一下也可以缓解一天的工作压力。放松的方法有很多,也很实用,没有专业指导的情况下,我们常常会通过泡个热水澡、散步、听音乐、睡懒觉、吃东西等方式来放松,心理学常用的有腹式呼吸、冥想及其他各种放松训练,宣泄也是一种形式的放松,宣泄作为一种对压力的释放方式,效果应该不错而且容易实现。宣泄可采取各种办法,例如,可以自己一个人的时候哭出来、在没人的地方大叫,或剧烈运动、唱歌、找人倾诉等。

认知改变

认知改变是通过认知调整改变自己的心态和行为方式,使自己能正确对待压力。诸如重新确定发展目标、培养多种业余兴趣爱好等都是很好的自我疏导的方法。当我们确立了正确适当的目标，通过自身努力可以达到此目标，相关压力自然也就消失了。而如果我们有丰富多彩的兴趣爱好活动，当遇到压力时可以很容易转移注意力，投入到兴趣爱好中，从中陶冶情操、保护身心健康，心态亦会平和，压力自然也就减轻直至消失了。

咨询辅导

咨询辅导就是向专业心理工作人员或亲朋好友倾诉自己心中的郁闷紧张情绪。向自己的好友或父母倾诉几乎是每个人都有过的经历。其实，不论被倾诉对象能否为自己排忧解难，倾诉本身就是一种很好的调整压力的方法。这里效果较好的当属和专业人员进行沟通的心理咨询了。心理咨询是专业心理咨询人员通过语言、文字等媒介物与员工进行信息沟通，以调整员工心理或情绪的过程。通过心理咨询可以帮助员工在对待压力的看法、感觉、情绪等方面有所变化，解决其出现的心理问题，从而调整心态，能够正确面对和处理压力，保持身心健康，提高工作效率和生活质量。

结束语

在激烈的社会竞争中，良好的心态和乐观的人生态度至关重要。要想生活得洒脱些，就不要忘了给自己放个假，让自己的身心时刻保持协调状态，哪怕你不觉得这些事情会给你带来压力，曾经听过这样一个故事：

在一次管理培训课上，老师在课堂上拿起一杯水，然后问台下的学员："各位认为这杯水有多重呢？"有人说是半斤，有人说是一斤，老师则说："这杯水的重量并不重要，重要的是你能拿多久？拿一分钟，谁都能够；拿一个小时，可能觉得手酸；拿一天，可能就得进医院了。其实这杯水的重量是一样的，但是你拿得越久，就越觉得沉重。这就像我们承担着压力一样，如果我们一直把压力放在身上，不管时间长短，到最后就会觉得压力越来越沉重而无法承担。我们必须做的是放下这杯水，休息一下后再拿起这杯水，如此我们才能拿得更久。所以各位应该将承担的压力于一段时间后适时地放下，并好好地休息一下，然后再重新拿起来，如此才可能承担更久。"

培训教师所说的和印第安人的习惯是同样的道理，不要等到感觉需要的时候才去休息，那时可能已经来不及了，要让灵魂跟得上你的脚步，就要随时随地放松我们的心情，在潜在的压力还没有变成现实压力之前就将它释放于萌芽，时刻保持一颗积极、轻松的心态应对我们的工作、我们的生活，相信你一定可以驾驭未来，收获成功！

心灵链接

慢运动 慢生活

"慢运动"源于"针对快节奏生活"的"慢生活",是"慢活"的主要主张之一。

1986年,意大利记者卡洛·佩特里尼发起了"慢餐运动"。他宣称,"城市的快节奏生活正以生产力的名义扭曲我们的生命和环境,我们要以慢慢吃为开始,反抗快节奏的生活。"在这之后,意大利人贡蒂贾尼于2005年秋季成立了"慢生活艺术协会",并于2007年2月19日在米兰举办了第一个"世界慢生活日"。他把"世界慢生活日"选在星期一,是因为他认为这是一周里人们最忙碌的一天,在这一天让人们意识到减慢生活节奏尤为重要。贡蒂贾尼表示,"让我们在今天停下脚步,好好思考一下当我们为生活而奔波时都错过了些什么"。时至今日,已有11个国家的90个城市成为了"慢活城市"。

2010年3月15日是世界第4个"慢生活日","慢生活艺术组织"的成员走上意大利街头,提醒人们放慢脚步、闻闻玫瑰花的芳香。在行人众多的米兰圣巴贝拉广场,"慢活检查员"们在这个交通要道来回巡逻,一旦发现行色匆匆的人就亮出"罚单",强制人们"减速慢行";在热那亚,巡逻员们向低头赶路的行人发放传单,建议他们用轻松的心情看看道路两侧;在西西里的卡尔塔尼塞塔市,公共交通在当天全部免费，而乘坐者们则都收到了一张"14原则"宣传单，上面还贴心地留出了空白让人们根据情况添加自己的"小贴士"；南部小镇贝内文托则别出心裁地组织了一个评审团，评选最能体现"慢生活日"精髓的诗句；此外，瑜伽、太极等"慢活"运动也成为了一些城市活动的主题。

　　贡蒂贾尼的快乐"慢生活"共有14个原则，包括"每天早起五分钟享受早餐"、"利用堵车时间和旁边的司机聊聊天"、"尽量采用步行方式"、"早晨别看电视而是读读书报"、"一次只处理一件家务"、"别动不动就说自己没时间"等等。总之，只有"慢生活，才快乐"。

　　专家指出，"慢生活"并不是简单的"减速"，而是提倡一种健康、快乐的生活方式，即让自己的生活张弛有度，生活恢复规律性，从而让心灵平静下来，从容对待每件事，并且欣赏事件过程中的美。

第一课　少年壮志不言愁

——情绪管理

人生是一串无数的小烦恼组成的念珠，乐观的人总是笑着数完这串念珠。

——大仲马

机关故事

小徐五年前毕业于某名牌大学工程监理专业。和众多毕业生一样为了谋求一份稳定的工作，留在了曾经就读过四年大学的这个大都市，毅然投身于公务员考试大军，一路过关斩将，如愿地成为某个机关综合处的一名办事员。综合处的工作就是负责该体系内各类文件的起草、审核和下达，还有各级文件的拟办、传阅、信息管理、档案归类、协调等等，工作的内容与小徐所学的专业几乎没有关系，但是想到将来也可能会有接触到业务的机会，要是赶上内部工作调动的话，这或许还是个不错的跳板。五年工作之后，一路走来，小徐的感受汇集起来是，几许失落、几许郁闷、几许压抑，还有些无奈。

按说机关的福利待遇已经很不错了，特别是看到最近几年的就业这么困难，自己的学弟学妹们为了谋求一个工作而四处奔波投递简历，小徐的心中也会有一点优越感。但是，更多的时间里却总是感觉有一种无形的压力和难以挣脱的束缚，这种感觉并不完全是因为工作强度太大，实际上，就是觉得机关这些日常事务性工作内容枯燥、简单乏味。特别是逐渐了解到自己调动到业务部门的希望极其渺茫时，他再也提不起对工作的热情，每天只是在失落和郁闷中打发时间，盼着下班时间的临近。想到未来，心中就会感到焦虑和抑郁。最近竟然胃肠不适，到医院看过几次也没有什么好转。每当郁闷的感觉来临，小徐总是发自内心地后悔毕业时的选择。

城市节奏中的闷与愁

生活中像小徐这样的例子不乏其人，毕业时基于谋求稳定的工作跻身公务员行列，工作后才发现所学专业和现实工作内容有所脱节，导致无法施展个人在事业上的抱负，而且，来自于机构内部的压力无处不在。过去人们观念里的国家公务员无疑是份"美差"，工作轻松、待遇好，收入高，是打不碎的"金饭碗"。随着社会的发展和进步，公务员过去那种一壶茶、一张报、潇潇洒洒过一天的"神仙"日子早就一去不复还了。现在的情况是，入职要考试，任职要竞聘，升职要考核，平时还要应付繁重的公务和大量的工作，不称职的还可能换岗甚至"末位淘汰"。看似安逸的工作环境下隐藏的巨大压力给人压抑和窒息的感觉，现在很流行的一个词来描述这种感觉，那就是郁闷。

郁闷这个词现在已经逐渐成为了人们的口头禅，它的含义可以解读为一种心情的压抑状态,那种欲言欲诉,却又难于言表的情绪体验。总之就是那种满腹的不适,无可名状,只好隐忍着,深藏着。而令人陷入郁闷的那些事,并不是什么被规定的泾渭分明、大是大非的重大事件,偏偏是那些看不到、摸不着,但是于无形之中确确实实制约着人的心情的那种感觉,令人们躲不过、绕不开的不安,它们总是会若隐若现地浮现,让人陷入无可奈何、茫然无助的感觉。一种集焦虑、抑郁、失落、紧张不安等等不良体验于一身的负性情绪。

始终争取主动

有一句话说得好"我们没有办法阻止事情发生,但我们可以决定这件事带给我们的意义"。我们可以被动地观察"问题",也可以主动地选择"机会",结果总是如你所愿。

在生活、工作中我们每个人都渴望通过自己的努力实现目标,通过自己的能力来获得掌控力。我们对能力和掌控力的经验是习得的。当我们掌控特定事件的努力遭受多次失败后,我们将停止这种尝试,如果这种情形出现得太过频繁,我们就会把这种掌控缺失的知觉泛化到所有情景中,甚至泛化到通过掌控能发生作用的情况下。在我们的生活中,许多人都会经历这样一个阶段:我们丧失了这种掌控力量,甚至连对自己的生活做出最简单的选择也会受到限制。当我们缺少能力和掌控力时,我们会认为通过努力也无力改变环境,会有一种无助感,感觉自己就像一颗"命运的棋子"任人摆布。

美国心理学家塞里格曼(Seligman)1967年在研究动物负性情

绪时提出了"习得性无助"的观点，他发现，在狗受到既不受它们控制也无法逃脱的电击后，经过一段时间的重复之后，即便逃离的机会唾手可得，狗也不会选择逃走。在实验室中，对狗的惩罚是电击，但这种电击是无害的。然后，把狗放在一个"梭箱"里，那是一个大箱子，由一块隔板分割为两部分。在箱子一边的地板上通电。狗感到箱子的一边有电流时，便只需越过隔板跳到箱子的另一边即可避开电击。通常，狗和其他动物都能很快学会这种逃脱行为。事实上，如果有一个信号（如一个闪光灯或一个蜂鸣器）警告狗电流即将来临，狗将学会在电击前跳过隔板而完全避开它。然而，在塞里格曼的实验中，梭箱里的狗经历过无法逃脱的电击后，它们就不再学习这种逃脱－回避的行为了。

　　塞里格曼的理论认为，动物在学习控制不愉快刺激的过程中存在着某些因素，这些因素决定了它们后来的学习。这些狗在先前的电击经历中已经懂得自己的行为不能改变电击结果，也就是说他们认识到自己无论做什么都不能控制电击终止，在每次试验中，电击终止都是在实验者控制之下的。而狗会认识到自己没有能力改变这种外界的控制，从而产生了一种无助感。因此，当它们处于新的环境中时，即便它们有能力逃脱——做出掌控行为——它们也会放弃逃脱。它们已习得了无助感。

　　小徐在工作中发现导致自己负性情绪的最常见原因是——对未来不确定的事产生的焦虑；对环境无法控制，命运不是掌握在自己手中的失控感，常处在这种失控感的感觉下，人就很容易产生焦虑、郁闷的情绪。对生活事件的掌控力影响我们对自身和环境的认知，主动性、掌控感能增强胜任感和参与的动机，被支配则容易导致沮丧、无助和被动等待。

西汉史学家、文学家司马迁，从元封三年（公元前108年）秉承父亲的遗愿撰写史记，在天汉二年（公元前99年），因替投降匈奴的李陵辩护，获罪下狱，受腐刑。出狱后他任中书令，继续发奋著书，每天伏案写作。在每日枯燥的整理史料、写作的过程中还要忍受腐刑带来的肉体痛苦和精神上的折磨，但这一切并没有让他感到怨恨。他只有一个信念，那就是一定要活下去，一定要把史记写完。他认为人总有一死，但"死或重于泰山，或轻于鸿毛"，死的轻重意义是不同的。想到这些他顿时觉得自己浑身充满了力气，"是以肠一日而九回，居则忽忽若有所亡，出则不知所往。每念斯耻，汗未尝不发背沾衣也。"

司马迁忍受了肉体上的摧残和精神上的屈辱，但他并未因此而选择结束生命或者自暴自弃，怨天尤人。面对他不能选择的生活方式，以太史公自居，主动选择生活的意义，将全部的情绪和情感都注入到了他的作品之中，在书中他对帝王将相的腐朽、丑恶、对人民的剥削和压迫表示憎恨；对历史上忠于祖国、热爱人民的英雄人物大加赞赏。国家公务员长期在机关工作，毕竟有很多例行公事，尽管会感到枯燥乏味，但是工作中还是有很多充满情趣的人与事，变被动为主动，保持积极状态。正如司马迁一样，可以在枯燥的文字编写工作中，发掘工作的神圣感，做出非凡的业绩，品出特别的滋味，同时不畏权势，秉持正义，保证文人气节，看到工作本身的意义。

体察确认情绪

在我们成长的经历中，因为害怕面对不愉快经历、不舒服的感觉，经常压抑自认为不好的负性情绪，因此常常忽略我们真实的感受。像小徐这样的优秀孩子，从小就被教育要做一个坚强的孩子，跌倒了不能哭，取得了成功不要高兴得太早，得意忘形只会导致失败，因此他经常会压抑自己的情绪，不让它们冒出来。这样做的后果是，我们会看到有的小孩子生气的时候会用头去撞墙、跺脚，夫妻吵架的时候一方气不过会打自己，这就是因为他们不能体察自己的情绪，只能感觉到内心很不舒服，但不知道那是一个什么情绪，没有办法去标明自己的情绪，只能用肉体上的痛苦缓解精神上的痛苦。

因此，情绪管理的关键一步就是要善于察觉我们的情绪，并且接纳我们的情绪。情绪没有绝对的好坏之分，只要是我们真实的感受，我们都要正视并接受它。只有当我们认清我们的情绪，知道自己现在的感受，才有机会掌握情绪，才能为自己的情绪负责，而不会被它所左右。当我们受到外界的影响产生情绪的时候，当一个中性的刺激让我们联想起以前的事情心情不再平静或联想到将来心情焦虑不安时，先要提醒自己注意："我现在是什么的情绪？我现在的感受是什么？"用一个形容情绪的词来定义我们的情绪，时刻体察自己，我们就像用一个标记笔一样时刻去标明自己的情绪。

归因决定状态

小徐意识到自己状态不好，这种郁闷失落的状态主要源于机关工作枯燥乏味，而这种状态自己是没有任何办法，没有任何回旋余地的。也就是说，他把自己的负性情绪状态归因于外界、不可控的因素，认为自己无力改变工作的环境和内容，感觉到郁闷，工作没有兴趣，因此坐在那里自怜自哀，等待被命运安排。如果通过解释，他进行重新归因，让他意识到，其实只要通过努力，不断提升自己的适应能力，一切皆有可能，将这暂时的郁闷心态归于内因——努力不够和能力有待提升，他就会积极地去寻找出路，积极改变自己。

这就是心理学家伯纳德·韦纳的归因理论。心理学家韦纳认为：情绪情感是在一种特定的行为结果出现之后，伴随着对它的认识的不断加深而逐渐分化、深化和复杂化的过程，其中对该种结果产生原因的知觉、分析或推断（即归因过程），在情绪、情感的变化过程中起着关键性的作用。

归因影响我们的认知、态度和情绪。错误的归因经常导致偏见和负面的情绪，对工作增加抱怨，成就感降低，在工作中无法找到乐趣。在进行错误的归因时，我们会感到难以控制发生在自己身上的事，自己的命运就像摇曳在不可预知的风中不知会被刮向哪里。错误的归因往往会导致人的不满情绪，经常外归因的人，会认为这些都是别人的原因，会产生抱怨，用抱怨来掩盖对失控感和无助感的恐惧。我们要把问题的原因归结在个体可以控制的因素上，如能力和努力等，将帮助我们成为更加内控的人。工作取得的成绩能让我们更加自信；对于失败和挫折，能够正确找到失败的原因而不是怨天尤人，继而更加努力工作。

韦纳归因理论认为，个人对成败的解释不外乎以下四种因素：能力、努力、任务难度和机遇或运气。其中，能力和努力是两种描述个人特征的"内在原因"，是个人可以控制的；难度和运气则是表示环境因素的"外在原因"，是个人较难控制的。能力和任务难度又属于稳定的因素；努力程度和运气好坏则是不稳定因素。不同的归因倾向会使人对成功和失败产生不同的情感体验和情感反应，并由此影响个体对未来结果的预期和努力。

将能力、努力、任务难度和运气这四种主要原因分成控制点、稳定性、可控性三个维度。根据控制点维度，可将原因分成内部和外部的；根据稳定性维度，可将原因分成稳定和不稳定的；根据可控性维度，又可将原因分成可控的和不可控的。

这一关系可用下表表示：

	内部	外部
稳　定	能力（不可控）	难度（不可控）
不稳定	努力（可控）	运气（不可控）

在内、外维度上——如果将成功归因于内部因素，会产生自豪感，从而动机提高；归因于外部因素，则会产生侥幸心理。将失败归因于内部因素，则会产生羞愧的感觉；归因于外部因素，则会生气。

在稳定性维度上——如果将成功归因于稳定因素，会产生自豪感，从而动机提高；归因于不稳定因素，则会产生侥幸心理。将失败归因于稳定因素，将会产生绝望的感觉；将失败归因于不稳定因素，则会生气。

在控制性维度上——如果将成功归因于可控因素，则会积极地去争取成功；归因于不可控因素，则不会产生多大的动力。将失败归因于可控因素，则会继续努力；归因于不可控因素，则会绝望。将失败归因于内部、稳定、不可控因素时是最大的问题，会产生习得性无助感。

韦纳通过一系列的研究，得出一些归因的最基本的结论，从而特别强调内部、稳定和可控制这三个要点。

思维战胜情绪

在环境因素作用下我们产生了情绪，但在相同的环境下，每人有不同的情绪，是什么因素让我们在相同的环境下产生不同的情绪呢？让我们来看看下面这个实验。

美国心理学家沙赫特和辛格在1963年做了一个关于情绪的实验，基本程序如下：

第一步：先给三组大学生被试注射肾上腺素，使他们处于生理唤醒状态——这是为了使所有被试的生理唤醒状态相同。

第二步：实验者对三组被试作了三种不同的说明来解释这种药

物可能引起的反应。告诉第一组被试注射药物后将产生心悸、手抖、脸发烧等反应，这些是注射肾上腺素的真实效果；告诉第二组被试注射药物后将产生双脚麻木、发痒和头痛等现象，这与肾上腺素的真实效果完全不同；告诉第三组被试，药物是温和无害的，而且没有任何副作用，即不告知这组被试肾上腺素的效果。这个步骤是诱使三组被试对自己的生理状态做出不同的认知解释。

第三步：将每组被试各分成两部分，并让两部分被试分别进入两种实验情境中。其中一个实验情境能看到一些滑稽表演，是一个愉快的情境；而另一个实验情境中，强迫被试回答繁琐的问题，并强加指责，是惹人发怒的情境。这个步骤是使被试处在不同的环境中。

实验者观察在这两种环境下各组被试的情绪反应：第二、第三组被试在愉快环境中表现出愉快的情绪，在愤怒的情境中表现出愤怒的情绪，而第一组被试在两种情境中都比较冷静。显然，这是由于第一组被试能正确地估计和解释后来的真实生理反应，并将环境对他的影响也进行了认知解释，因而能平静地对待环境作用。而第二、第三组被试对真实生理唤醒水平的认知解释是错误的，因而他们的情绪反应随着环境的不同而变化。由此可知，在情绪的产生中，生理唤醒和环境都有影响，但认知过程则起着至关重要的作用。大脑皮层将环境、生理和认知信息整合起来后，产生了一定的情绪。

由上面的实验我们可以看到是认知对我们的情绪产生了影响。我们绝大多数人会认为：我生气是因为发生了让我不高兴的事情，有人惹我，我才会生气，都是别人的原因。如果这个世界风平浪静我就不会有情绪，真的是这样吗？

情绪 ABC 理论的创始者艾利斯告诉我们：激发事件只是引发情绪和行为后果的间接原因，而引起情绪的直接原因则是我们对激发事件的认知和评价所产生的信念。即人的消极情绪和行为障碍结果，不是由于某一激发事件直接引发的，而是由于经受这一事件的我们对它不正确的认知和评价所产生的错误信念。正是由于我们常有的一些不合理的信念才使我们产生情绪困扰。这些不合理的信念久而久之存在，就会引起情绪障碍。

情绪 ABC 理论中：A 表示诱发性事件，B 表示个体针对此诱发性事件产生的一些信念，即对这件事的一些看法和解释，C 表示产生的情绪和行为结果。通常人们会认为诱发事件 A 直接导致了人的情绪和行为结果 C，发生了什么事就引起了什么情绪体验。然而，你是否会注意类似这样的事，对于不同的人，会引起不同的情绪体验。同样参加职称考试的两个人都没过，一个人感觉无所谓，而另一个人却伤心欲绝。

为什么？就是诱发事件 A 与情绪、行为结果 C 之间还有个对诱发事件 A 的看法、解释 B 在作怪。第一个人可能认为：这次提职考试只是试一试，考不过也没关系，下次可以再来。另一个人可能说：我精心准备了那么长时间，竟然没过，是不是我太笨了，我还有什么用啊，人家会怎么评价我。于是我们就不难理解不同的 B 带来的 C 大相径庭的原因了。

常见的一些不合理的信念主要有：

1. 我应该得到生活中所有对自己来说很重要的人的喜爱和赞许；

2. 有价值的人应在各方面都比别人强；

3. 任何事物都应按自己的意愿发展，否则会很糟糕；

4. 一个人应该担心随时可能发生灾祸；

5. 情绪由外界控制，自己无能为力；

6. 已经定下的事是无法改变的；

7. 一个人碰到的种种问题，总应该都有一个正确、完满的答案，如果无法找到它，便是不能容忍的事；

8. 对不好的人应该给予严厉的惩罚和制裁；

9. 逃避挑战与责任可能要比正视它们容易得多；

10. 要有一个比自己强的人做后盾才行。

当一个诱发事件引起我们的情绪时，先别忙着采取行动进行反击，可以识别一下情绪是不是由这些错误的认知所引起的。当我们知道并不是别人惹我，而是我的想法带来我的情绪时，自己获得了更多的控制权，情绪就容易慢慢平复下来，不当的行为就会减少。把幸福快乐的权利掌握在我们自己的手中！

表达与疏导情绪

情绪不能过多地受压抑，应该尽量得到表达和疏导。想法有对错之分，但每个人真实的感觉是没有对错的。寻找恰当的方式向别人表达我们的感受，可以帮助我们快速地舒缓我们的负性情绪。如何恰当表达情绪是一门艺术,需要不断地用心体会、揣摩,更重要的是考虑如何有效地应用在生活中。

奥地利著名精神病学家和心理学家西格蒙德·弗洛伊德(Sigmund Freud,1856~1939)将人的精神活动分成三个层面,由低到高为潜意识、前意识、意识。在他看来,任何精神活动,若无法被意识到或经过努力集中也不能浮现于意识中,即属精神的最深区域——潜意识;若通过联想,努力集中注意而能被意识到的,则属于前意识;任何能被我们清醒地知觉到的,则属于意识层面。潜意识中的内容主要是个人的原始冲动,本能欲望和感情,可以看成是人们被压抑的经验的储藏库。

在精神分析历史上有一个非常著名的案例:安娜·欧小姐是维也纳一个21岁的年轻姑娘,1881年她出现了许多奇怪的病症:无法从杯子里喝水、经常看见黑蛇的幻觉、一听音乐就咳嗽……医生布罗伊尔对安娜进行了催眠,从催眠中得出了重要的答案。

安娜非常讨厌住在她家那儿的一个家庭教师,后来她又看见了那个家庭教师用杯子给狗喂水喝,于是从讨厌家庭教师到讨厌她的狗,再到讨厌她的狗的杯子里的水,一连串的"厌"屋及乌就最终作用到了那个盛水的杯子。

然而安娜为了抑制这种厌恶的情感,她忘记了这段记忆,但是潜意识是不会删除记忆的,于是每当安娜看见杯子里面有水时,潜意识就给了她一道指令——你不能喝水。

催眠中挖掘出来的那段记忆正是储存在潜意识中完全被自己从

意识里压抑出去的记忆。被压抑的情绪不会消失，而会从意识上转移到潜意识中，会以能量的形式储存起来，当积累得过多时就会爆发，或以我们不知道的方式表达出来。

疏解情绪的方法很多，有些人会痛哭一场，有些人会找三五好友诉苦一番，另一些人会逛街、听音乐、散步或做些自己喜欢的事情以免老想起不愉快，比较糟糕的方式是喝酒、飙车，甚至自杀。疏解情绪的目的在于给自己一个理清思想的机会，让自己好过一点，也让自己更有能量去面对未来。从负性的事件中寻找好处，能让我们减轻痛苦，更积极地前进。

一天，美国前陆军部长斯坦顿来到林肯那里，气呼呼地说一位少将用侮辱的话指责他偏袒一些人。林肯建议斯坦顿写一封内容尖刻的信回敬那家伙。"可以狠狠地骂他一顿。"林肯说。斯坦顿立刻写了一封措辞强烈的信，然后拿给总统看。

"对了，对了。"林肯高声叫好，"要的就是这个！好好训他一顿，真写绝了，斯坦顿。"但是，当斯坦顿把信叠好装进信封时，林肯却叫住他，问道："你干什么？"

"寄出去呀。"斯坦顿有些摸不着头脑了。"不要胡闹。"林肯大声说，"这封信不能发，快把它扔到炉子里去。凡是生气时写的信，我都是这么处理的。这封信写的时候你已经解了气，现在感觉好多了吧，那么就请你把它烧掉，再写第二封信吧。"

如果我们内心的负性情绪不断被压抑下来，我们的身体就像一个高压锅，不断积累情绪，最终会以一种意想不到的方式爆炸。我们经常会听到有人说："我也不知道当时怎么了，我当时发那么大的脾气，现在看来就是一件小事啊。"如果能及时地给自己放放气——表达出来，我们就会变得安全。

我们的身体就像一本账簿，记录着我们的各种情绪，如果负性情绪不能适当地表达和疏导，就会转化为躯体的症状，小徐的胃痛就是在提醒他，他有情绪没有被表达和疏导。

提升情商能力

尽管管理负性情绪很重要，但保持积极状态、提升情绪的健康水平更为重要，这就需要不断提高我们的情商。情商（Emotion Quotient）的概念是美国的两位心理学家比德·拉勒维和约翰·麦耶1990年提出的，EQ表示一种认识、控制和调节自身情感的能力，是一种准确觉察、评价和表达情绪的能力。它包括以下几个方面的内容：

1. 正确识别情绪。

只有客观恰当地认识自己，才能成为自己生活的主宰。一个人总有某些连自己也看不清楚的个性上的盲点，高情商者常常自我反省，从不同的角度了解、认识自己，客观地评价自己。因此，这样的人从不张狂自傲，一般都能与周围的人融洽相处。他们会时时提醒自己注意："我现在的情绪是什么？"因为朋友约会迟到而忍不住要对他冷言冷语时会问自己："我为什么要这么做？我现在有什么感觉"？

2．妥善情绪管理。

人人都有情绪，情绪会随着境遇的变化做出相应波动，这是正常又合乎人性的。但是如果情绪太极端化或长时间持续地僵化，自己又不能掌握有效的调节方式，便很容易被情绪所困扰了。高情商的人善于控制自己的情绪，能抑制感情的冲动，克制急切的欲望，及时化解和排除不良情绪，使自己始终保持良好的心境。

3．推动自我激励。

自我激励能使人们走出生命中的低谷，重新出发。高情商者做一切事情的动力来自于内部，有很强的自觉性和主动性。决定做一件事后，没有完成是不肯罢休的。他们都动机明确、兴趣强烈、独立积极、不甘落后，而且有勇气、自信心强。所以，就算他的智商不比别人高，但也一定能做出成绩。

4．保持乐观态度。

人生不如意事，十之八九。同一件事，常常可以被不同的人说成是"好的"或"坏的"，"快乐的"或"痛苦的"。决定性的因素取决于个人所参照的标准，而不是所发生的事件。高情商的人善于把自己的思路和言谈都引导到振奋人心的观念上。他们能迅速地解决问题，把环境中的消极方面压缩到最小限度，并竭力找出积极的东西。他们对经历过的活动总是给予积极的评论，遇到令人恼火或不愉快的处境时，就动手扭转逆境，懂得活得快乐是自己的责任所在。

5. 融洽人际关系。

做到善于洞察并理解别人的心态，能控制自己的情绪，设身处地为别人着想，领悟对方的感受，尊重他人的意见。因此，他们善于人际沟通与合作，人际关系融洽，在复杂的人际环境中游刃有余。

心灵链接

你的情绪稳定吗？

1. 看到自己最近一次拍摄的照片，你有何想法？

   A. 觉得不称心　B. 觉得很好　C. 觉得可以

2. 你是否想到若干年后会有什么使自己极为不安的事？

   A. 经常想到　B. 从来没有想过　C. 偶尔想到过

3. 你是否被朋友、同事或同学起过绰号、挖苦过？

   A. 这是常有的事　B. 从来没有　C. 偶尔有过

4. 你上床以后，是否经常再起来一次，看看门窗是否关好、炉子是否关好等？

   A. 经常如此　B. 从来不如此　C. 偶尔如此

5. 你对与你关系最密切的人是否满意？

   A. 不满意　B. 非常满意　C. 基本满意

6. 半夜的时候，你是否常觉得有什么值得害怕的事？

   A. 经常　B. 从来没有　C. 极少有这种情况

7. 你是否经常因梦见什么可怕的事而惊醒？

　　A. 经常　B. 没有　C. 极少

8. 你是否曾经有多次做同一个梦的情况？

　　A. 有　B. 没有　C. 记不清

9. 有没有一种食物使你吃后呕吐？

　　A. 有　B. 没有　C. 记不清

10. 除去看见的世界外，你心里有没有另外的世界？

　　A. 有　B. 没有　C. 记不清

11. 你心里是否时常觉得你不是现在的父母所生？

　　A. 有　B. 没有　C. 偶尔

12. 你是否曾经觉得有一个人爱你或尊重你？

　　A. 有　B. 没有　C. 说不清

13. 你是否常常觉得你的家庭对你不好，但是你又确知他们的确对你好？

　　A. 是　B. 否　C. 偶尔

14. 你是否觉得没有人十分了解你？

　　A. 是　B. 否　C. 说不清楚

15. 你在早晨起来的时候最经常的感觉是什么？

　　A. 忧郁　B. 快乐　C. 讲不清楚

16. 每到秋天，你经常的感觉是什么？

　　A. 秋雨霏霏枯叶遍地　B. 秋高气爽艳阳高照　C. 不清楚

17. 你在高处的时候，是否觉得站不稳？

A．是　B．否　C．偶尔

18．你平时是否觉得自己很强健？

A．是　B．否　C．不清楚

19．你是否一回家就立刻把房门关上？

A．是　B．否　C．不清楚

20．你坐在小房间里把门关上后，是否觉得心里不安？

A．是　B．否　C．偶尔是

21．当一件事需要你做决定时，你是否觉得很难？

A．是　B．否　C．偶尔是

22．你是否常常用抛硬币、翻纸牌、抽签之类的游戏来测吉凶？

A．是　B．否　C．偶尔

23．你是否常常因为碰到东西而跌倒？

A．是　B．否　C．偶尔

24．你是否需要一个多小时才能入睡，或醒得比你希望的时间早一个小时？

A．经常这样　B．从不这样　C．偶尔这样

25．你是否曾看到、听到或感觉到别人觉察不到的东西？

A．经常这样　B．从不这样　C．偶尔这样

26．你是否觉得自己有超乎常人的能力？

A．是　B．否　C．不清楚

27．你是否曾经觉得因有人跟着你走而心里不安？

A．是　B．否　C．不清楚

28．你是否觉得有人在注意你的言行？

A．是 B．否 C．不清楚

29．当你一个人走夜路时，是否觉得前面暗藏着危险？

A．是 B．否 C．偶尔

30．你对别人自杀有什么想法？

A．可以理解 B．不可思议 C．不清楚

计分方法

以上各题的答案，选 A 得 2 分，选 B 得 0 分，选 C 得 1 分。请将你的得分统计一下，算出总分。

说明：得分越少，说明你的情绪越佳，反之越差。

总分 0—20 分，说明你情绪稳定、自信心强，具有较强的美感、道德感和理智感。你有一定的社会活动能力，能理解周围人们的心情，顾全大局。你一定是个性情爽朗、受人欢迎的人。

总分 21—40 分，说明你情绪基本稳定，但较为深沉，对事情的考虑过于冷静，处事淡漠消极，不善于发挥自己的个性。你的自信心受到压抑，办事热情忽高忽低，易瞻前顾后、踌躇不前。

总分在 41 分以上，说明你情绪极不稳定，日常烦恼太多，使自己的心情处于紧张和矛盾之中。

如果你的得分在 50 分以上，则是一种危险信号，你务必请心理专家作进一步诊断。

第二课　明明白白我的心

——沟通艺术

一个人必须知道该说什么，一个人必须知道什么时候该说，一个人必须知道该对谁说，一个人必须知道该怎么说。

——现代管理之父德鲁克

机关故事

　　孙莉一年前参加工作，凭借自己的勤奋和努力，对于机关一般业务很快就能够熟练掌握，工作起来还相当顺手。然而，面对身边的同事，面向自己的上级，自己总是有些不自在，觉得和别人有一种隔阂，觉得别人不懂她的想法，她也很难理解同事的想法，工作一年多，还是无法和这里的机关同事熟悉起来，孙莉自己觉得很孤独，很委屈，别人也觉得她很另类。每天上下班，孙莉都有会和同事们打招呼，有时别人谈话，孙莉也走过去想和他们一起聊天，但是又不知道该说些什么合适。单位组织活动，看到别人三三两两聚在一起，孙莉感觉自己十分尴尬，慢慢地越来越封闭自己，心情变得沉重起来，对工作的热情也明显下降。特别是当领导安排她和别人共同完成一项工作的时候，孙莉就会格外紧张，工作也难达到预期的标准。年底考核时领导评价她不会处理人际关系，需要加强沟通能力的学习。

快乐从沟通开始

茫茫人海、芸芸众生之中，复杂多变的人生道路上，我们时常体验到孤单无助，我们赤条条地来到这个世界，一出生就成了社会动物，必然要和身边他人建立各种复杂的联系。缺乏良好的沟通，缺乏朋友交往，我们的生活将会变得暗淡无光，了无情趣。

1977年心理学家克林格做过一个广泛的调查发现，良好的人际关系对于生活的幸福和成功具有首要意义。调查中，当人们被问到"什么使你的生活富有意义时"，几乎所有的人都会回答：亲密的人际关系是最首要的。一个人生活是否幸福和成功，取决于自己同生活中其他人的关系是否良好。在被调查者关于幸福感的回答中，人际关系的重要性远远超过了事业的成功、名誉和地位，甚至超过了西方人最为尊重的宗教信仰。

想要拥有良好的人际关系，需要我们彼此之间能够充分、有效地沟通，有时候人与人之间的矛盾、隔阂甚至厌恶不是因为事实本身而产生，往往是因为缺乏良好的沟通，相互之间经常由于没有了解对方的真实想法和意图而造成误解。事情本身并不是看上去那样，到底本质如何，弄清事情的真相，唯有通过"沟通"。很多人认为沟通不过就是"说话"，没必要大张旗鼓地安排进自己的"课程"。然而正是因为这种观点，造成很多"沟而不通"的现象发生。

第二课 明明白白我的心——沟通艺术

下面的故事提醒我们，沟通不仅仅是快乐幸福所必需，也是机会和缘分所必备。

一天，一个盲人带着他的导盲犬过街时，一辆大卡车失去控制，直冲过来，盲人当场被撞死，他的导盲犬为了守卫主人，也一起惨死在车轮底下。

主人和狗一起到了天堂门前。

一个天使拦住他俩，为难地说："对不起，现在天堂只剩下一个名额，你们两个中必须有一个去地狱。"主人一听，连忙问："我的狗又不知道什么是天堂，什么是地狱，能不能让我来决定谁去天堂呢？"

天使鄙视地看了这个主人一眼，皱起了眉头，她想了想，说："很抱歉，先生，每一个灵魂都是平等的，你们要通过比赛决定由谁上天堂。"

主人失望地问："哦，什么比赛呢？"天使说："这个比赛很简单，就是赛跑，从这里跑到天堂的大门，谁先到达目的地，谁就可以上天堂。不过，你也别担心，因为你已经死了，所以不再是瞎子，而且灵魂的速度跟肉体无关，越单纯善良的人速度越快。"主人想了想，同意了。

天使让主人和狗准备好，就宣布赛跑开始。她满心以为主人为了进天堂，会拼命往前奔，谁知道主人一点也不忙，慢吞吞地往前走着。更令天使吃惊的是，那条导盲犬也没有奔跑，它配合着主人的步调在旁边慢慢跟着，一步都不肯离开主人。天使恍然大悟：原来，多年来这条导盲犬已经养成了习惯，永远跟着主人行动，在主人的前方守护着他。可恶的主人，正是利用了这一点，才胸有成竹，稳操胜券，他只要在天堂门口叫他的狗停下，就能轻轻松松赢得比赛。

天使看着这条忠心耿耿的狗，心里很难过，她大声对狗说："你已经为主人献出了生命，现在，你这个主人不再是瞎子，你也不用领着他走路了，你快跑进天堂吧！"

可是，无论是主人还是他的狗，都像是没有听到天使的话一样，仍然慢吞吞地往前走，好像在街上散步似的。

果然，离终点还有几步的时候，主人发出一声口令，狗听话地坐下了，天使用鄙视的眼神看着主人。

这时，主人笑了，他扭过头对天使说："我终于把我的狗送到天堂了，我最担心的就是它根本不想上天堂，只想跟我在一起……所以我才想帮它决定，请你照顾好它。"

天使愣住了。

主人留恋地看着自己的狗，又说："能够用比赛的方式决定真是太好了，只要我再让它往前走几步，它就可以上天堂了。不过它陪伴了我这么多年，这是我第一次可以用自己的眼睛看着它，所以我忍不住想要慢慢地走，多看它一会儿。如果可以的话，我真希望永远看着它走下去。不过天堂到了，那才是它该去的地方，请你照顾好它。"

说完这些话，主人向狗发出了前进的命令，就在狗到达终点的一刹那，主人像一片羽毛似地落向了地狱的方向。他的狗见了，急忙掉转头，追着主人狂奔。满心懊悔的天使张开翅膀追过去，想要抓住导盲犬，不过那是世界上最纯洁善良的灵魂，速度远比天堂所有的天使都快。两个灵魂同时进了地狱。"

两个纯洁善良的灵魂同时进了地狱，只是因为缺乏必要的沟通。假如天使明白了主人的用意，假如主人和狗有了提前的沟通，结局可能就有机会改写。

沟通的关键在于换位思考

沟通的过程可以形象地比喻成编码和解码的过程。编码（coding）就是如何把你想要表达的信息用一种方式表达出来，以便信息接收者能确切理解。解码（decoding）就是听者在听到你讲的内容之后如何去理解，你根据听者的理解及时修正信息的传递。简单说，沟通就是听和说的艺术。

这个世界上，真相只有一个，可是在不同人眼中，却会看出不同的是非曲直。现实的人际沟通中，我们很容易在不知不觉中以自我为中心，用自己的心思去揣摩别人谈话的内容，用自己的经验、好恶和道德标准来进行评判，结果就是——我们看到了假象，就像天使一样。这很容易造成事实的曲解和信息的不准确，给沟通带来障碍。为了尽量避免沟通的不畅，换位思考必不可少。

要想真正做到换位思考，实现沟通的有效性，首先必须摆脱以自我为中心的观念。思维是沟通的基础，任何一个有目的的沟通皆始于自我。因此，自身的思维是影响有效沟通的重要因素。过于迷信自身思维方法的人既主观又武断，缺乏客观、公正、公平之心.既不能正视自我也不愿正视他人，更谈不上设身处地站在对方的角度考虑问题。所以，沟通中既要注重把信息传递出去，又要注重接收者的感受。

其次，明确有效的沟通绝不是上对下的静态单向沟通，而是一种动态的双向行为。而双向的沟通应得到充分的反馈，只有沟通的主体、客体双方都充分表达了对某一问题的看法，才具备有效沟通的意义，所以应该设法多得到沟通对象的反馈，以便重新调整信息的传递。只有这样，才能引导人们从不同的角度看问题，消除一些不必要的误解和偏见，才能使工作团体成为一个相互依赖的合作整体，从而顺利达到团体追求的目标。

最后，要记住真诚是理解他人的感情桥梁。有效的沟通需要增进双方情感的互动效应。沟通前要了解沟通对象的状况与难处、需求与不便、痛苦与问题……从真诚关心的角度出发，以期实现共赢的结果。

沟通态度很重要

要做到有效沟通，友善、诚恳的态度是必不可少的前提。美国学者布吉林曾经提出3A法则，即在人际沟通中要成为受欢迎的人，就必须注意善于向沟通对象表达善良、尊重、友善，这是实现有效沟通的前提条件。

布吉林认为，向别人表达尊重和友善恰到好处的沟通技巧可以概括成三个英语单词，这三个词的第一个字母都是A，所以叫3A法则。

第一个A是accept，指的是接受对方。日常生活和工作中，我们会与各种各样的人沟通，他们的性别、地位、年龄、性格、职业、受教育程度以及社会经验可能都和我们存在着差异，我们最基本的态度就是要接受对方，也包括他的风俗习惯等。

第二个A是 appreciate，意思是欣赏对方。这是表达尊重的最好态度，能使沟通对象感觉到自己很重要，有助于有效沟通的开始。

第三个A是admire，指的是要敬重对方。这已不仅仅是沟通的态度问题，还表明了自己虚心、宽容，善于向别人学习，相互取长补短的品质。

这样说，别人才肯听

"如果您的意思是这样，当时为什么不说清楚？"

"我真的不希望这样，当时实在没听明白你的意思。"

人们讲的内容与我们接受的内容常常失之毫厘，谬以千里。准确的沟通是成功的前提，提高沟通的准确性，首先要提高自己准确地表述事物的能力。心理学家研究发现，相当比例的人都不能很好地将自己的意思表露出来。

1. 用别人听得懂的语言与其沟通，免除"对牛弹琴"的无奈。

有一个秀才去买柴，他对卖柴的人说："荷薪者过来！"卖柴的人听不懂"荷薪者"（担柴的人）三个字，但是听得懂"过来"两个字，于是把柴担到秀才前面。秀才问他："其价如何？"卖柴的人听不太懂这句话，但是听得懂"价"这个字，于是就告诉秀才价钱。秀才接着说："外实而内虚，烟多而焰少，请损之。（你的木材外表是干的，里头却是湿的，燃烧起来，会浓烟多而火焰小，请减些价钱吧。）"卖柴的人因为听不懂秀才的话，于是担着柴就走了。

由此可见，与他人说话时必须依据对方的经验，必须用对方熟悉的语言表达，否则结果可想而知。另外，晦涩的语句就意味着杂乱的思路，所以，沟通时最好用简单的语言、易懂的言词来传达讯息。

2. 适当运用沟通对象的期望进行沟通

一位管理者安排两名下属去某一单位进行调研，他们都心知肚明，这是个费力不讨好的苦差使。但是管理者事先了解了二人的期望，其中一人是位积极进取的年轻人，管理者在沟通时就告诉他，完成这项工作更能锻炼和反映他的能力，今后还可能会得到进一步的提升；而另外一人，年事已高，工作上只是得过且过，领导在沟通时就暗示他，单位人员超编，要依工作能力决定内退人选。沟通后，二人欣然前往。

一般来说，我们所察觉到的都是自身期望察觉到的东西，我们的自我防御模式会使我们强烈抗拒不符合自身"期望"的企图，出乎意料的事通常是不会被接收的。所以，沟通恰恰可以利用这一心理特点。

3．积极询问，关注反馈

有一个老太太去市场买菜，买完菜路过卖水果的摊位，看到有两个摊儿都卖苹果，她走到一个商贩面前问道："苹果怎么样啊？"商贩回答说："你看我的苹果不但个儿大而且还保证很甜，特别好吃。"

老太太摇了摇头，向第二个摊位走去，又向这个商贩问道："你的苹果怎么样？"

第二个商贩回答："我这里有两种苹果，请问您要什么样的苹果啊？"

"我要买酸一点儿的"，老太太说。

"我这边的这些苹果又大又酸，咬一口就能酸到流口水，请问您要多少斤？"

"来一斤吧。"老太太买完苹果又继续在市场中逛。

这时她又看到一个商贩的摊上有苹果，又大又圆，非常抢眼，于是她问水果摊后的商贩："你的苹果怎么样？"

这个商贩说："我的苹果当然好了，请问您想要什么样的苹果啊？"

老太太说："我想要酸一点儿的。"

商贩说："一般人买苹果都想要又大又甜的，您为什么想要酸的呢？"

老太太说："我的儿媳妇怀孕了，想要吃酸苹果。"商贩说："老太太，您对儿媳妇可真是体贴啊，您儿媳妇将来一定能给您生个大胖小子。前几个月，这附近也有两家要生孩子，总来我这买苹果吃，你猜怎么着？孩子现在都棒着呢。您要多少？"

"我再来二斤吧。"老太太被商贩说的高兴得合不拢嘴了，便又买了二斤苹果。

商贩一边称苹果，一边向老太太介绍其他水果："橘子不但酸而且还有多种维生素，特别有营养，尤其适合孕妇。您要给您媳妇买些橘子，她一准儿很高兴。"

"是吗？好，那我就再来二斤橘子吧。"

"您人真好，您儿媳妇摊上了您这样的婆婆，真是有福气。"商贩开始给老太太称橘子，嘴里也不闲着。"我每天都在这摆摊，水果都是当天从水果批发市场批发回来的，保证新鲜，您儿媳妇要是吃好了，您再来。"

"行。"老太太被商贩夸得高兴,提了水果,一边付账一边应承着。

三个商贩都在卖水果,但结果却不尽相同。

第一个商贩说出了苹果的最基本的信息——个头大而且甜,从沟通方面来看,他只是站在自己的立场单向进行了"说"的工作,完全没有考虑到对方的需求,沟通水平也处于这个较低的层次。

第二个商贩强于第一个,他没有简单地、一味地、单方面地灌输自己的道理,而是做到了倾听和对老太太需求的把握。但是,他所倾听的信息属于"改造信息",是老太太自己加工过的信息,并非她内心的真正需求。所以,这个商贩只成功了一半。

第三个商贩层次最高。他似乎拥有某种神奇的"读心术",他不用讲什么道理,就掌握了老太太内心深层真正的需求。

4. 善用读心术

透过询问的技巧能够导引对方进行谈话,同时取得更明确的信息。就像那个掌握了"读心术"的商贩,就是在"一般人买苹果都想要又大又甜的,您为什么会想要酸的呢"这样的积极地询问中,了解到老太太进一步的信息,从他问话中,可以发现两个方面的特点:开放性的提问方式和积极关注的心态。

沟通是一个互动的过程,在进行交流的过程中及时有效地关注对方所传达出来的语言和非语言信息,有利于把握交流的主动权和方向,提高沟通的效果,如果只是一味地自我表达,而忽视对方的反馈,可能会忽视很多有效信息而影响沟通的效果。

听比说重要

卡耐基说:"做个听众往往比做一个演讲者更重要。专心听他人讲话,是我们给予他的最大尊重、呵护和赞美。""听君一席话,胜读十年书",就是对智慧的谈吐者与虚心倾听者的高度赞誉。学会倾听你才能去伪存真,给人留下虚怀若谷的印象;学会倾听才能去粗取精,将有益的知识存入智慧的头脑。

每个人都认为自己的声音是最重要的、最动听的,并且每个人都有迫不及待地表达自己的愿望。在工作和生活中,我们不单要追求被人理解,还要追求理解别人,当个好听众。

最有价值的人,不一定是最能说的人。老天给我们两只耳朵一个嘴巴,本来就是让我们多听少说的。成功始于合作,合作始于信任,信任始于理解,理解始于沟通,沟通始于倾听。善于倾听,不仅是有效沟通的基础,更是成功人士最基本的素质。

这样听,别人才肯说

人们在沟通时通常都表现为"选择性耳聋",即只听到自己喜欢听的,或依照自己认为的方式去解释听到的事情,而不喜欢听的内容就都过滤掉了,从而扭曲了对方话语里传递的真正信息。曾经有调查显示,人们在"听"的时候往往只能获得对方语言里 25% 的真实含意。那么如何倾听才更有效呢?

1. 设身处地地倾听，力排内外干扰

外在干扰如临街办公室里常常听到的汽车喇叭声，装修噪声以及别人大声的谈话，都会分散我们的注意力，对倾听效果造成干扰，相比而言，内在干扰的影响就更加严重了，我们平常和别人谈话时，心里总会在考虑自己的话该怎么说，说得又怎么样，经常无法完全获取别人所讲的话中要传递的全部信息，这是造成人们信息量不足的主要原因之一。改进聆听技巧的首要任务就是尽可能地消除干扰，把注意力完全放在对方的身上，即使关系亲密的人，也要设身处地地倾听，才能明白对方说了什么、没说什么，以及对方的话所代表的感觉与意义。

2. 让别人把话说完，不插话，不评论

美国知名主持人林克莱特一天访问一名小朋友，问他："你长大后想干什么工作？"小朋友回答："嗯……我要当飞机的驾驶员！"林克莱特接着问："如果有一天，你的飞机飞到太平洋上空所有引擎都熄火了，你会怎么办？"小朋友想了想："我会先告诉坐在飞机上的人绑好安全带，然后我挂上我的降落伞跳出去。"当在现场的观众笑得东倒西歪时，林克莱特继续问这个孩子："为什么要这么做？"小孩的答案是："我要去拿燃料，我还要回来救大家！"

一定要让对方把话讲完，我们才能真正了解对方要表达的真正含义。也许你认为你知道了，但是你知道的是对方真正想让你知道

的吗？不让对方把话说完，一方面不能掌握别人谈话的全部信息，另一方面，这样的行为会伤害他人的自尊心，也给自己的人际交往设置了障碍。

3. 善辨"话外音"的各种暗示

很多人不敢或不好意思直接说出自己真正的想法和感觉，他们往往会运用一些叙述或疑问，百般暗示来表达自己内心的看法和感受。但是这种暗示性的说法有碍沟通，他们话中的用意和内容往往被人所误解，最后就可能会导致双方的失言或引发言语上的冲突。所以一旦遇到暗示性强烈的话，就应该鼓励说话的人再把话说得清楚一点。

比如通过下面这一对爱恋中的年轻人的对话，我们可以看到生活中我们是如何使用话外音的。

女：……我既不聪明，也不漂亮，你怎么会喜欢我呀（话外音："情人眼里出西施，我这么聪明漂亮的人你打着灯笼也难找。交往这么长时间，你是怎么评价我的"）？

男：我也不过是个一般人，太漂亮了咱也配不上。再说，我也不会以貌取人，女人笨点儿没关系，踏踏实实过日子就行……

沟通遇到这样的障碍，后面的情况就可想而知了。

此时无声胜有声——利用身体语言

行动胜于言辞，二者都是理解语言的条件。如果自己的行为举止和言语冲突（如你在说"我挺好的"时面部肌肉在抽搐，双手也在颤抖），人们就会相信你的身体语言，而不是你讲出来的话了。

1. **眼睛会说话**

眼睛是心灵的窗户，眼睛可以表达语言以外的很多信息，心理学家研究发现，目光接触是最为重要的身体语言沟通方式。我们常常有这样的体会，与一个戴着深色眼镜或反光太阳镜的人说话，会感觉有种说不出的难受感觉，也难以与对方保持默契的沟通。因为太阳镜阻断了彼此的目光接触，丢掉了沟通中一个重要的信息交流途径。沟通时看着别人的眼睛，还表明自己很看重对方。这样做能使对方感觉满意，还能防止他走神，但更重要的是，由此可以树立自己的可信度。

2. **面部和双手**

谈话的过程中我们一直都在发出信号，尤其是用面部和双手。恰当地使用面部和双手能够大大改善影响他人的效果。

面部：延续时间少于0.4秒的细微面部表情也能显露一个人的情感，立即被他人所拾获。面带微笑使人们觉得我们和蔼可亲，人们脸上的微笑总是没有自己想象的那么多。真心的微笑（与之相对的是刻板的微笑，根本没有在眼神里反映出来）能从本质上改变大脑的运作，使自己身心舒畅起来。

双手："能说会道"的双手能抓住听众，让它帮助我们表达自己的情感，比如使用张开的手势给人们以积极肯定的强调，表明说话者非常热心，完全地专注于眼下所说的事。除了可以做出相应的手势以外，"握手"也是我们使用最多，适用范围最广的沟通方式之一。

3．身体的语言

视线的接触和表情构成了沟通效果的大部分，但是使用身体其他部分也能有助于树立良好的印象。利用身体来表明自信的方法多种多样，一一影响着自己在他人心目中的形象。

身体姿势传递着信息。坐或站立时挺直腰部给人以威严之感。耷拉着双肩或跷着二郎腿可能会使某个正式场合的庄严气氛荡然无存，但也可能使非正式场合更加轻松友善。不由自主地抖动或移动双腿，能泄露从漠不关心到焦虑、担忧等一系列的情绪。无论面部和躯干是多么平静，只要叉着双臂，或抖动着双膝，都会明白无误地显露内心的不安。

身体距离有特别含义。站得离人太近能给人以入侵或威胁之感。如果与人的距离不足 5 尺，听者会本能地往后移，这就是当对方过分靠近时产生的那种局促不安的感觉。反之，如果距离达 6 尺或更远，听者就会觉得您不在乎他，并产生一种与世隔绝的感觉。

不同的身体姿势能使沟通的内容增色或减色。只要意识到上述事项，就能轻而易举地对自己的身体语言加以控制。

4. 声音的力量

声音是一种威力强大的媒介，通过它可以赢得别人的注意，能创造有益的氛围，并鼓励他人聆听。

音高与语调：低沉的声音庄重严肃，一般会让听众更加严肃认真地对待，适时改变重音能强调某些词语，表达更加丰富的涵义。

语速：急缓适度的语速能吸引住听者的注意力，使人易于吸收信息。如果语速过快，他们就会无暇吸收说话的内容；如果过慢，声音听起来就非常阴郁悲哀，令人生厌，听者就会转而他就；如果说话吞吞吐吐，犹豫不决，听者就会不由自主地变得十分担忧、坐立不安。自然的呼吸空间能使人吸收所说的内容。建设性地使用停顿能给人以片刻的时光进行思考，并在聆听下一则信息之前部分消化前一则信息。

需要格外注意的是，我们发现通过短信和电话交谈时，往往容易产生误解。短信通过文字来表达，我们看到文字，会用我们的情绪去解读，不同的情绪会解读出完全不同的意思，心情好时别人的不满你也可以当成玩笑，心情不好时，别人对你的称赞你会理解为讽刺。电话呢，由于缺乏环境气氛、面部表情、体态语言的有效觉察，同样容易产生对语言的误解，所以重要和敏感的事情尽量避免通过电话和短信进行沟通和交流，以避免不必要的误会产生。

结束语

初涉职场的青年公务员由于缺乏相关的社会经验，难免在人际沟通上遇到障碍，一方面要适应学生到公务员的身份转换，另一方面对工作环境和人际交往比较陌生，遇到问题后很容易产生强烈的挫败感，进而封闭自己，产生"不会——不愿——不敢"与人沟通的模式，影响正常的工作和生活。

此时，需要冷静客观分析原因，积极寻找对策，采用一定的技巧，掌握"听"与"说"的艺术，必要时和朋友分享一下自己的问题，或者寻求专业的咨询机构都是很好的解决途径。

心灵链接

沟通能力测试

每个人都有独特的与人沟通、交流的方式。阅读下面的情境性问题，选择出你认为最合适的处理方法，请尽快回答，不要遗漏。

1. 你的上司的上司邀请你共进午餐，回到办公室，你发现你的上司颇为好奇，此时你会：

A 告诉他详细内容。

B 不透露蛛丝马迹。

C 粗略描述，淡化内容的重要性。

2. 当你主持会议时，有一位下属一直以不相干的问题干扰会议，此时你会：

A 要求所有的下属先别提出问题，直到你把正题讲完。

B 纵容下去。

C 告诉该下属在预定的议程之前先别提出问题。

3. 当你跟上司正在讨论事情，有人打长途来找你，此时你会：

A 告诉上司的秘书说不在。

B 接电话，而且该说多久就说多久。

C 告诉对方你在开会，待会再回电话。

4. 有位下属连续四次在周末向你要求他想提早下班，此时你会说：

A 我不能再容许你早退了，你要顾及他人的想法。

B 今天不行，下午四点我要开个会。

C 你对我们相当重要，我需要你的帮助，特别是在周末。

5. 你刚好被聘为某部门主管，你知道还有几个人关注着这个职位，上班的第一天，你会：

A 个别找人谈话以确认哪几个人有意竞争职位。

B 忽略这个问题，并认为情绪的波动很快会过去。

C 把问题记在心上，但立即投入工作，并开始认识每一个人。

6. 有位下属对你说，"有件事我本不应该告诉你的，但你有没有听到……"你会说：

A 我不想听办公室的流言。

B 跟公司有关的事我才有兴趣听。

C 谢谢你告诉我怎么回事，让我知道详情。

计分方式：AACCCB　　一致得1分，不一致得0分。

测试结果：0～2分为较低，3～4分为中等，5～6分为较高；分数越高，表明你的沟通技能越好。

本测验选择了一些在工作中经常会遇到的、比较尴尬的、难于应付的情境，测查你是否能正确地处理这些问题，从而反映你是否了解正确的沟通的知识、概念和技能。这些问题看似无足轻重，但是一些工作中的小事和细节往往决定了别人对你的看法和态度。如果你的分数偏低，不妨仔细检查一下你所选择的处理方式会给对方带来什么样的感受，或会使自己处于什么样的境地。

倾听能力测试

测试指导语：

倾听是指有目的地、专注地听。在倾听的过程中，对方会因为自己传递的信息完整接收而感觉到被尊重与被接纳，同时因实现了自我价值而对彼此的关系更具信心和更加投入。良好的倾听能力是交流双方能否在同一平台上顺利进行语言交流的前提。你的倾听能力如何呢？测试一下就知道了。

1．朋友们心里有事，通常把我当成共鸣箱。

　　A、是　　　　　　　　B、否

2．我愿意倾听他人的烦恼。

　　A、是　　　　　　　　B、否

第二课　明明白白我的心——沟通艺术

3．在社交聚会上，我从一个谈话圈子转到别一个谈话圈子，经常感到还会有更好的谈话对象。

　　A、是　　　　　　　　B、否

4．对方不能很快明白我的意思，我就会不耐烦。

　　A、是　　　　　　　　B、否

5．我喜欢接叙别人说着的笑话或故事。

　　A、是　　　　　　　　B、否

6．别人跟我说话时，我总在想下句说什么？

　　A、是　　　　　　　　B、否

7．大多数人说话很乏味。

　　A、是　　　　　　　　B、否

8．我通常比和我谈话的人说得多。

　　A、是　　　　　　　　B、否

9．别人和我说话时，要重复一两次。

　　A、是　　　　　　　　B、否

10．我喜欢说胜过听。

　　A、是　　　　　　　　B、否

计分标准：与下列标准一致得1分，漏选和不一致不得分。

1．是　2．是　3．否　4．否　5．否

6．否　7．否　8．否　9．否　10．否

测试结果

（1）得分为 8 分及以上，你很善于倾听。朋友们有困难需要找人商量时最有可能找你，在社交聚会上你很受欢迎。

（2）总得分 4～7 分，你的倾听技巧同大多数人一样——有时你认真倾听，有时你可能忽略，如果能够留意一下，会对您的沟通能力大有裨益。

（3）总得分 3 分及以下，你在倾听技巧方面还有很大的发展空间，阅读相应书籍或者进行这方面的训练对您的沟通能力会大有帮助。

第三课　智取威虎山

——管理艺术

一只狮子带领的九十九只绵羊可以打败一只绵羊带领的九十九只狮子。

——拿破仑·波拿巴

机关故事

老陈在这个机关兢兢业业地干了十几年，终于如愿以偿地当上了这个部门的主任，正处级干部，手底下管着十几个人，老陈心里很高兴，这下终于可以实现自己的抱负，实实在在地干点事业了。没想到一年的管理之后，老陈心灰意冷，感觉自己比以前还累。按说手下这几个年轻人都二十来岁的年纪，学历和自身素质都不差，怎么凑在一起干点事就这么难。有时老陈也宽慰自己："他们还小，比自己的儿子大不了几岁，都是80后，年轻，没有经验，都有自己的个性。"这些人工作上说多了嫌自己烦，少说一句他们就出错。而且，那些放手让他们干的工作最后老是差那么一点，让他们修改还得费自己半天劲解释，费力不说，他们还不高兴，真不如自己干。慢慢地，加班就成了老陈的家常便饭，一年以来连双休日都没有正经休过几回。

让人恼火的是，老陈的辛苦付出到头来还没有换来别人的夸赞，事实上，领导觉得老陈这个部门的员工总是成长不起来，依赖性太强，看不出谁能发展成为业务骨干，长此以往对团队的发展将会很不利。老陈手下的这些"80后们"也不买老陈的帐，表面上对老陈还挺很尊敬，觉得他工作起来认真负责，是个好人，可是内心深处总感觉自己没有得到老陈的信任，看不到成长的希望，对自己的能力也产生了怀疑。

机关管理有艺术

老陈如此辛苦，可是为什么大家都没有认可他的付出？努力工作有错吗？关心年轻的团队成员不对吗？还是说80后们真的太难管理了？

案例中的老陈工作得尽职尽责，但是却忽略了团队中其他成员的感受。在工作中，每一个人都需要获得成长和进步，这样才能使他们对工作充满热情。然而老陈的心里并没有真正相信过自己的下属们，也没有对他们抱有过什么期望，当然也就很难对他们的工作给予足够的关注。管理一个团队，对自己下属的态度会直接影响整体的工作绩效。这方面的诸多研究均证明了这一点。

哈佛大学的威廉·詹弗斯教授的研究发现：在没有激励的措施下，员工一般仅能发挥全部工作能力的20%～30%；而当他们得到充分的激励后，工作能力可以提升80%～90%，发挥的作用相当于激励前的 3～4 倍。由此可见正确的激励方式会极大地激发员工的工作热情和潜力。

期待出效应

皮格马利翁的故事来源于一个古希腊神话故事，远古时候，塞浦路斯国王皮格马利翁十分喜爱雕塑。一天，他成功地塑造了一个美女的形象，爱不释手，每天以深情的眼光观赏不止。久而久之，这个美女雕像竟然真的活了，并且成为了他的妻子。

1960 年，哈佛大学的罗森塔尔博士曾在加州的一个小学做过一个著名的实验验证了这个故事的科学意义。新学期开始时，校长对两位教师说"根据过去三四年来的教学表现，你们是本校最好的教师。为了奖励你们，今年学校特地挑选了一些最聪明的学生给你们教。记住，这些学生的智商比同龄的孩子都要高"。校长再三叮咛："要像平常一样教他们，不要让孩子或家长知道他们是被特意挑选出来的。"

一年之后，这两个班级的学生成绩果然在全校中最优秀，甚至比其他班学生的总分数高出好几倍。实际上，这是心理学家进行的一次期望心理实验。他们提供的所谓"优秀学生名单"完全是随便抽取的。通过"权威性的谎言"暗示教师，无形中坚定了教师对这些名单上所提到学生的信心，虽然教师始终把这些学生的名字藏在内心深处，但是通过眼神、笑容、音调仍然能把这些信念传递给学生，不知不觉中，他们扮演了皮格马利翁的角色，使学生们受到了潜移默化的影响，有了奋发向上的动力，变得更加自信，由于在学习上投入更多的努力而取得了成绩上显著的进步。

这种由教师对学生的期待，使学生产生了一种努力改变自我、完善自我的动力，将美好的愿望变成现实的现象，在心理学上被称为"期待效应"或"罗森塔尔效应"。它表明：每一个人都有可能取得成功，能否真的成功，取决于周围的人能不能像对待成功人士那样对他给予充分的关注、期望和温暖的爱。

这也就是说，我们的期望确实能够影响对方的实际行动，从而带动他们的工作热情和努力程度。作为管理者，对自己的下属抱有充分、美好的期待，这种期待自然会在平时的工作中潜移默化地传达给对方，使之更加努力地投入工作，并取得预期的效果。

生活中由于对皮格马利翁效应不恰当地使用而带来负面效果的例子也屡见不鲜，如文中所提到的老陈那样，对团队成员的不信任也会在工作中自然而然地流露出来，使下属产生"反正自己也不行"的想法，逐渐失去了在工作中承担责任的意识，影响了他们对工作的热情，以致最终无法独立完成工作。

就像心理学研究中广泛应用于很多领域的冰山理论描述的那样，一个人显露出来、发挥出来的能力只占全部能力的极小一部分，如同海面上漂浮着的冰山，露出水面的一角，而绝大部分的能力像潜伏在水面下的冰山那样被掩藏着。由此可见，每一个人都蕴藏着巨大的资源可待开掘，他实际所拥有的能力远非表现出来的那样有限。

作为一个优秀的管理者应该充分相信自己的员工，相信他们每个人都有足够的能力解决问题，并且不断赋予他们挖掘自身潜力的信心。

狮子图谋霸业，准备开拓自己的疆域，便决定与邻国开战。出征前它举行了御前军事会议，并派出大臣通告百兽，要大家根据各自的特长担负不同的工作：大象驮运军需用品，熊冲锋厮杀，狐狸出谋策划当参谋，猴子则充当间谍深入敌后。有动物建议说："把驴子送走，它们的反应太慢了，还有野兔，他们会动摇军心的。""不！不能这样办。"狮子说，"我要用它们，而且它们会在战斗中发挥至关重要的作用。驴子可作司号兵，它发出的号令一定会使敌人闻风丧胆，野兔奔跑迅捷，可以在战场上做联络员和通讯员。"那些动物觉得狮王说得很有道理。后来在战争中果然是每个动物都发挥出了最大的用处，取得了胜利。

作为管理者要善于发现下属的优点，并加以利用，对每一个员工都作出积极的期待，相信他们是有能力的，尽管各方面的能力不同，但只要放在合适的位置都可以为组织做出贡献。俗话说："用人如器，各取所长。"同时管理者发现并利用他们的长处而忽略他们的短处，会让他们产生知遇之感，从而竭尽全力地工作。

了解下属需求

对下属的期待也可以转化为管理者对下属有效的激励，它可以提高下属的工作积极性和内在潜力，把他们的智慧、能力充分地发挥和施展，使管理更加高效。

人的需求是多种多样的，亚伯拉罕·马斯洛提出了需求层次理论，他认为，在特定的时刻，人的一切需求如果都未能得到满足，那么满足最主要的需求就比满足其他需求更迫切，从而将需求划分为五个等级：生理的需求、安全的需求、情感和归属的需求、尊重的需求、自我实现的需求。

物质需求始终是人类的第一需求，物质是基础，精神是力量的源泉和工作的动力。当物质需求得到满足后，精神需求就会凸显出来，进而产生激励作用。任何一个下属都有归属感的心理需求，渴望得到"家"的感觉，需要和渴望得到企业的关怀和温暖、同事间真挚友好的帮助、管理者们和蔼可亲的问候。而当管理者积极创造条件让他们的心理需求得到满足的时候，他们的思想认识就会得到升华，能处处以团队的利益为重，严格要求自己；工作态度就会从被动转变为主动，愿意以实际行动为团队增砖添瓦。例如，下属生日时送上生日蛋糕或一张全体下属签名的生日卡，问候下属家人的情况，与下属一起吃午餐等。

每位下属都希望得到他人的尊重、理解和平等对待，希望得到平等公正地参与职位竞争、获得晋升的机会。组织应对工作成绩优异的普通下属公开通报，可以通过召开会议、张贴布告、发奖状、管理者亲自赠送小礼品等手段，对先进下属进行表扬鼓励，造就下属奋发向上，你追我赶的良好氛围，以提高下属对自己工作的自豪感和归属感，增强凝聚力。还可以让下属参与到各项决策当中，增加他们的自豪感和责任感，使他们切身感受到自己的工作与企业发展的目标息息相关，从而激发他们的创造力和聪明才智，进一步满足他们的自尊和自我实现的需求。多种激励方式的综合应用，往往能够取得较好的激励效果。

　　管理者应该努力做好四项工作：一是，把握下属的需求类型，对症下药；二是，抓住下属的主导需求；三是，对各种需求进行分类，采取不同对策，逐个解决；四是，正确引导下属的个体需求符合客观条件及单位整体发展的需要。因此管理者要从下属的不同需求出发，设计相应的激励机制来调动下属的积极性。

　　农夫的驴子老了，拉不动磨了，恰巧邻居家做生意发了财，要搬到城里去，便把他家那匹很年轻的骡子送给了农夫。于是农夫便用这骡子拉起磨来，可骡子总是不听话，不肯围着磨转，总是要往外跑，农夫为此想了很多办法。起初是像对待驴子一样，把骡子的眼睛蒙上，并用鞭子催赶它，骡子倒是听了几天话，可好景不长，没几天这招就不灵了。农夫又用草料来吸引骡子，拉上几圈磨便喂上几口，结果还是一样，骡子总是望着门外不肯拉磨。农夫生气了，便用鞭子不停地抽打它，骡子终于有一天不堪忍受，脱开缰绳跑了。

　　骡子碰到了另一位农夫，他让它拉犁耕地，骡子觉得终于有了用武之地，尽管要比拉磨累，但觉得这才是自己应该做的事，于是每天都很卖力。时值春耕之际，在骡子的帮助下，农夫的地很快就种完了。

第一位农夫为什么想了很多办法都不能把骡子留在磨旁呢？那是因为他没有认识到骡子与驴子的不同，他一心只想着自己的磨，无论是给予草料还是鞭笞，都是为了让骡子完成他的任务。但是当碰到第二位农夫之后，骡子想奋蹄而起的愿望终于得以实现，它做了自己想做的事，因此心甘情愿。

每一位下属都有自己的想法和需求，他们不是完成任务或者实施管理措施的一颗棋子。只有管理者了解下属的需求，并采取一些必要的措施，下属的能力才能被释放出来并愉快地工作。

收放要自如

管理者对于自己手中的"权力"要懂得自如地放与收，可以提高下属的自我效能感，满足自我实现的需求。

"放"，就是适当地为下属授权，管理者就要适度放权。不仅可以减轻自己的工作压力，还可以增强与下属的信任关系。当把本属于管理者的权力下放给下属的时候，他们就会产生一种自豪的心理，在心里认为自己是组织不可或缺的一部分，从而努力工作，纵使要付出很多也在所不惜。

当然，授权就像放风筝，如果"放"的时候，不适时地"收"几下，风筝就难以飞上高空；而一旦飞上高空，不及时"收"住，放风筝的人就可能失去对风筝的控制。为了使权力下放而又不导致失控，管理者首先要把握好自己的新角色。授权之后，要学会指令追踪。

对于已发出的指令进行追踪是确保指令顺利执行的最有效方法之一，是成功管理者经常采用的控制手段。指令追踪的方式有两种：第一种，主管在发布授权指令后的一定时期，亲自观察指令执行的状况；第二种，主管在发布授权指令的同时与下属商定，指令下达后，下属应当定期呈报指令执行状况的说明。

管理者还要学会全局统御。如果通过授权的方式，在相对轻松的工作压力下，仍然握有对部门全局的大权，不至于"大权旁落"，那么，授权无疑是一种令人赏心悦目的选择。而实际上，授权把管理者们从具体事务中解放出来，使他们有更多的时间和精力思考全局的问题，他们往往比事必躬亲时更能统御全局。

如果说授权就像放风筝，那么指令追踪和全局统御就是风筝线，只有凭借这条线，探知被授权人深层次的心理活动，才能实现效益最大化。真正的管理者，不一定自己能力有多强，而是要懂信任，懂放权，懂珍惜，就能团结比自己更强的力量，从而提升自己的身价。

一个人在高山之巅的鹰巢里，抓到了一只幼鹰，他把幼鹰带回家，养在鸡笼里。这只幼鹰和鸡一起啄食、嬉闹和休息。它以为自己是一只鸡。这只鹰渐渐长大，羽翼丰满了，主人想把它训练成猎鹰，可是由于终日和鸡混在一起，它已经变得和鸡完全一样，根本没有飞的愿望了。主人试了各种办法，都毫无效果，最后把它带到山顶上，一把将它扔了出去。这只鹰像块石头似的，直掉下去，慌乱之中它拼命地扑打翅膀，就这样，它终于飞了起来！

每个人都希望用自己的能力来证明自身价值，下属也不例外。给他们更大的空间去施展自己的才华，是对他们最大的尊重和支持。不要害怕他们失败，给予适当的扶持和指点，放开你手中的"雄鹰"，让他们翱翔于更宽阔的天空。他们的成长，将为你的工作带来更大的贡献。

人文胜于技巧

上世纪二三十年代，美国的研究人员在芝加哥西方电力公司的霍桑工厂进行了对工作条件、社会因素和生产效益关系的实验，研究中发现了著名的实验者效应，又称霍桑效应，这也可以从另一个角度解释老陈的团队中存在的问题。

实验的第一阶段研究从 1924 年 11 月开始，考查工作条件和生产效益的关系，将工人分为实验组和控制组。结果发现无论增加或控制照明度，实验组的产量都会提高，而且照明度不变的控制组的产量也会增加。此后，又分别对工资报酬、工间休息时间、每天的工作长度和每周工作天数等因素进行考查。结果也没有看出这些工作条件的改变对工人的工作效率产生的直接影响。

在实验的第二个阶段，通过改变工人的福利待遇来比较工作效率的变化，结果发现无论待遇发生任何改变，工人的工作产量都呈现出持续上升的趋势。

第三阶段的工作是对这些参加实验的员工进行访谈，原来他们提高生产效率的原因是感到参加实验是一件十分光荣的事，正是这种自豪感促使他们的工作产量不断提高。实验进行到这一阶段就可以看出当个体感受到被他人关注后，自然而然地就会在完成工作任务时投入自身更多的能量。由此可见一个能够给予下属足够关注的管理者，必然会使下属在工作中全身心地投入，从而创造更好的业绩。

实验到此并没有结束，在第四阶段的工作中，研究者在工厂里进行访谈。此计划的初衷是希望工人就目前实施的管理方法、规划、政策、工头的态度以及工作条件等问题进行回答。但这种事先拟定好的访谈计划却取得了意想不到的效果。工人们表示愿意对提纲之外的事进行交谈，他们普遍认为重要的事情并不是公司或调查者认为意义重大的那些事。访谈者了解到这一点后，及时把这阶段的计划改为事先不作任何规定的开放性访谈，每次访谈的时间也从30分钟延长到60到90分钟，研究者在访谈中多听少说，并且地详细记录了工人的不满和意见。这个访谈计划持续了两年多，其间工人的产量大幅度提高。实验的结果似乎与初衷大相径庭，但是从中我们不难看出当管理者允许下属发表和参与意见，并且拿出一定的时间和自己的下属进行交流，会让对方产生被关注的感觉，从而提高工作绩效。

现代管理实践的泰斗德鲁克认为管理的核心是对人的管理，把人管理好，既是管理的出发点，也是管理的归宿。现代管理的人性化回归就是对人本管理的最终诠释，其实质和精髓就是以员工尊严、追求、发展、价值和员工情感为出发点，注重人的内心世界，关注人的心理健康，减轻人的心理压力。这种充满人文关怀、顺应人心的管理方式与单纯用制度压人、用教育约束人的做法相比，可以起到凝聚人心，提升人气，激发动力，改善组织工作氛围，降低员工缺勤率、离职率，减少心理障碍的积极作用。

有一则"北风与太阳"寓言故事可以形象地说明这个问题。

北风和太阳都认为自己的力量比对方强大，互不服输而产生了争执。最后，他们打赌看谁能最先使行人脱下衣服，就证明谁的力量大。北风满怀信心地说："让我先来，我一定能赢，我只要吹一口气，路人就不得不脱下外衣。"说完，北风开始猛烈地刮起来，树叶纷飞满天，寒冷的狂风呼啸着扑向路人，路上的行人紧紧用衣服裹住身体，继续走路。北风看到后刮得更猛，直钻进路人的脖子里，没想到它越使劲儿，路人把衣服裹得越紧。北风用尽了所有的力气，也没有使路人脱掉一件衣服。

太阳微笑着说："北风先生，你已经失败了，现在该我了。"太阳把温和的阳光洒向大地，行人很快脱掉了外面的衣服；阳光越来越强烈，温度越来越高，行人实在受不了，就干脆脱掉了所有的衣服，跳到河里去洗澡。最后北风只能羞愧地向太阳认输。

寓言中行人穿的衣服就好像团队成员用来自我保护的盔甲，以此保持着对外界的高度戒备。要想使他们脱掉这层盔甲，首先要摸清他们的心理，顺应他们的心理。

　　惠普是世界一流的大公司，它之所以能够取得成功，在惠普的许多经理看来，靠的是"以人为本"的企业宗旨。惠普公司"以人为本"的宗旨主要体现为关心和重视员工、尊重员工的工作。惠普的创始人休利特和当了四十年研制开发部主任的奥利弗，经常到惠普公司的设计现场去，和普通员工交流意见，察看员工们的工作情况。在惠普公司，管理者总是同自己的下属打成一片，他们关心员工，鼓励员工，使员工们感到自己的工作成绩得到了承认，自己受到了重视。这些无不体现了公司对员工的重视和关心，员工获得了公司的体贴与爱护，作出的成绩得到了公司的肯定，他们工作也就更加努力。从中我们看出，管理者尊重和关心员工，认可他们的工作，能使他们得到鼓舞，得到满足，这有助于激励他们努力工作。

　　柔性管理本质上是一种"以人为中心"的管理，柔性管理是在尊重人的人格独立与个人尊严的前提下，在提高广大员工对企业的向心力、凝聚力与归属感的基础上，所实行的分权化的管理。柔性管理的最大特点，在于它主要不是依靠外力（如上级的发号施令），而是依靠人性解放、权力平等、民主管理，从内心深处来激发每个员工的内在潜力、主动性和创造精神，使他们能真正做到心情舒畅、不遗余力地为企业不断开拓新的优良业绩，成为企业在全球性剧烈的市场竞争中取得竞争优势的力量源泉。

魅力也是影响力

　　一个管理者在很多时候都需要依靠个人的魅力来取得下属的信服。这种个人魅力包括自身的行为处事的能力，以及在工作中表现出来的办事能力。

　　管理者的个人品行和对待工作的态度是下属的行为楷模。管理者为人正直，性情随和，待人热忱，工作积极努力，尽职尽责，敢做敢当，这些品质会对下属产生良好的行为影响，下属对他自然更容易产生认同感。能够和下属之间平等交流和沟通的管理者，会给人以亲和感，又能在沟通和交流的过程中了解下属的思想，让对方感受到管理者对自己的关注，从而更加乐于在这个团队中工作。在工作中执行卓越的领导力，工作以外是团队成员的朋友，这样的管理者无疑会成为一个优秀团队的核心。

　　春秋晋国有一名叫李离的狱官，他在审理一件案子时，由于听从了下属的一面之词，致使一个人冤死。真相大白后，李离准备以死赎罪，晋文公说：官有贵贱，罚有轻重，况且这件案子主要错在下面的办事人员，又不是你的罪过。李离说：我平常没有跟下面的人说我们一起来当这个官，拿的俸禄也没有与下面的人一起分享。现在犯了错误，如果将责任推到下面的办事人员身上，我又怎么做得出来。他拒绝听从晋文公的劝说，伏剑而死。

　　根据哈佛商学院对120位成功人士的一项调查发现，这些成功人士的一个共同特点就是人人都注重自律。正人先正己，做事先做人，管理者要想管好下属必须以身作则，示范的力量是惊人的。不但要像先人李离那样勇于替下属承担责任，而且要事事为先，严格要求自己，做到"己所不欲，勿施于人"。一旦通过表率树立起在员工中的威望，将会上下同心，大大提高团队的整体战斗力。得人心者得天下，做下属敬佩的领导将使管理事半功倍。

建立学习型组织

员工心理培训，已成为企业人力资源开发不可缺少的环节。日本松下电器公司创始人松下幸之助强调说："一个天才的企业家总是不失时机地把对职员的培养和训练摆上重要的议事日程。"这其中就包括企业对员工的心理培训。心理教育、疏导和训练可以有效地端正员工的工作动机、工作心态，优化心智模式，提高工作情商，锻炼意志品质，增强员工的抗挫折能力和自控力，还能提高员工的创新意识、团队精神和奉献意识，增强企业的竞争优势。

借鉴上述企业培训的经验，在机关内部实施符合国家机关特色的心理健康促进活动，将心理学的理论、方法和技巧应用到机关的管理及训练活动当中，可以有效地帮助公务员树立良好的工作动机、调整优化心态、缓解工作压力、提高心理素质和工作情商。

常见的心理健康促进培训内容：

1. 缓解紧张的身心保健培训；
2. 工作动机培训；

3．时间管理培训；

4．工作兴趣培训；

5．工作技能培训；

6．自我觉察培训；

7．心理管理培训；

8．领导力培训；

9．团队协作能力培训。

心灵链接

你的管理风格合适吗？

此调查问卷包含了一些有关管理风格的问题，在每道问题写出最能代表你的观点的得分。然后将各题得分按题号填入下表。回答时请使用下面的评分标准：

几乎从不如此　　1

很少如此　　　　2

偶尔如此　　　　3

经常如此　　　　4

几乎总是如此　　5

1．我总是将最终决策权留给我下属的部门或团队。

2. 我总是尽量让一个或更多的下属来共同参与决定。但是，最终决策权仍然由我掌握。

3. 无论要做什么样的决定，我和我的工们都要投票表决

4. 我不考虑下属们的建议，因为我没有时间。

5. 我会向下属们征求他们对即将实施的计划和项目的看法。

6. 在我的部门，如果要通过一个决定，需要每个人或者是大多数人的同意。

7. 我会指示我的下属们需要做什么，以及如何去做。

8. 当出现困难时，我需要制定一个战略来保证项目或进程能够如期进行，我会召开一个会议征求工们的建议。

9. 发布信息时，我会使用电子邮件、备忘录等，我没时间来开会发布信息。所以我要求我的工们要根据指示来采取行动。

10. 当有人犯错误时，我会告诉他们下次要引以为戒，并对此做一个记录。

11. 我想建立这样一种工作环境，使所有工都感到他们是工作项目的一部分。他们能够参与决策的过程。

12. 我允许我的下属们来决定需要做什么以及怎么做。

13. 新进来的下属是不允许来做出决定的，除非先得到了我的同意。

14. 我征求下属们对他们所从事工作的长远目标是什么，并在适当的时候采用他们的这一目标。

15．我的下属比我更了解他们所从事的工作，因此我同意他们在工作中做出决定。

16．当出问题时，我会告诉我的下属们：这个工作程序已经不适用了，我会建立一个新的程序。

17．我允许我的下属们在我所规定的工作指南下自己做决定。

18．我将工作交给下属去做，是为了训练执行一套新的工作程序。

19．我常常密切监视我的下属，以保证他们的工作准确无误。

20．当下属工作结果与我的期望值有差距时，我会跟他们一起来分析这些差距产生的原因。

21．每个个人都有责任来进行述职。

22．我喜欢作为管理手中掌握的对下属的权力。

23．我喜欢用我手中的管理权力来帮助下属成长。

24．我喜欢和下属分享管理权力，他们有时会被授予本该我才拥有的权力。

25．为了让下属们实现组织目标，必须对他们进行指导，或以惩罚相威胁。

26．如果下属们致力于目标实现，我认为他们就会进行自我指导。

27．下属们有权来决定他们自己的组织目标。

28．下属们主要关心职位的安全问题。

29．下属们知道如何运用创造力来解决组织的问题。

30．我的下属们完全能自己管理好自己。

题号	第一类得分	题号	第二类得分	题号	第三类得分
1		2		3	
4		5		6	
7		8		9	
10		11		12	
13		14		15	
16		17		18	
19		20		21	
22		23		24	
25		26		27	
28		29		30	
总计		总计		总计	

第一类得分10个项目的总计分数代表着"专制的管理风格";第二类得分代表"民主式的管理风格";第三类代表"参与式的管理风格"。它们就分别代表:你在下属感觉中是"专制的"、"民主的"还是"自由支配的"。

一般来说,每个管理者都拥有上述三种特性。但如果你在某一类的得分超过40,那你就明显具有该类特性;如果你在某一类的得分低于20,那你的该类特性就不明显。如果你在某两类上得分差不多一样高,说明你正在转变你的管理风格。

专制型的管理者只注重工作的目标，仅仅关心工作的任务和工作的效率。但他们对团队的成员不够关心，被管理者与管理者之间的社会心理距离比较大，管理者对被管理者缺乏敏感性，被管理者对管理者存有戒心和敌意，容易使群体成员产生挫折感和机械化的行为倾向。

民主型的管理者注重对团体成员的工作加以鼓励和协助，关心并满足团体成员的需要，营造一种民主与平等的氛围，管理者与被管理者之间的社会心理距离比较近。在民主型的管理风格下，团体成员有较强的工作动机，责任心也比较强，团体成员自己决定工作的方式和进度，工作效率比较高。

参与型管理提倡"下属先行"。这种管理风格关注的是周围的下属，它更重视个人及其情感，而不是任务和目标。参与型管理努力使下属，心情舒畅，并在下属之间创造和协的气氛。同时参与型管理不会对下属完成自己工作的方式进行不必要的责难，能给予下属以最合适的方式会工作的自由，这都有助于灵活组织风格的形成。

不要觉得专制型风格不好，那些成熟的管理者总是能熟练运用三种风格：他们表面上一直采取参与式风格，但面对特殊情况，他会采取专制性风格。当下属的工作方法日渐成熟，专家型人才越来越多，他们就会越来越多地采取民主式风格。

第四课　匆匆，太匆匆

——时间管理

　　时间是由分秒积成的，善于利用零星时间的人，才会做出更大的成绩来。

——华罗庚

机关故事

　　月月在路上盘算着今天一早要尽快把昨天拖延下来的工作处理好，然后开始今天的工作。当她走进办公室看到同事们都在做卫生，看看自己的办公桌，于是也加入了整理办公环境的大潮。收拾妥当之后，看着整洁的环境，月月心满意足地给自己沏了杯咖啡作为奖励。一会听到有人在讨论周末有商场打折的消息，月月又忍不住凑过去听了听，并且谈论了一些自己的购物心得。回来坐在自己的座位上，打开电脑，浏览了一下当天的新闻。这样一来二去的，时间已经快到11点了。月月还没有把昨天拖延下来的工作完成。因为对时间估计不准，她凡是都要拖到最后 deadline 才开始着手干。也许是她能力强，也许是她幸运，每次都能完美完成，得到上级的赏识，同事的敬佩。然而她内心却充满了对未来的恐惧——虽然这次完成了，下次还能这么幸运吗？

　　小穆吃过午饭，正准备处理自己手头的几份文件，这时候上司找他处理一件不太紧急的事情。这件事情本该是由别的同事负责的，可那个同事正在办公室里和男朋友聊天。小穆本想拒绝，可是考虑到自己刚工作不久，而且又碍于上司的情面，只好应承了下来。结果处理完这件事，自己要处理的几份文件却还没有处理。这时候已经接近下班的时间了。小穆只好一直加班到把所有文件处理完，才回家为自己准备了一份泡面做晚餐。

　　张楠给人的感觉总是非常的忙碌，每天一上班就把自己深深地埋在一大摞文件之中，其间几乎没有抬头的机会。这么用功努力的人，却总听到有人催他交这个、交那个。每每谁催得更急切，张楠就赶快找出相应的资料赶快处理，可还总是被工作压得喘不过气来。还时常因为耽搁了重要的工作而被领导指责。张楠自己也奇怪，我这么努力，如此抓紧时间为什么却总是力不从心，还总被领导指责呢？

时间需要管理

　　"洗手的时候，日子从水盆里过去；吃饭的时候，日子从饭碗里过去；默默时，便从凝然的双眼前过去。我觉察它去得匆匆了，伸出手遮挽时，它又从遮挽着的手边过去；天黑时，我躺在床上，它便伶伶俐俐地从我身上跨过，从我的脚边飞去了；等我睁开眼和太阳再见，这又算溜走了一日。我掩着面叹息，但是新来的日子的影儿，又开始在叹息里闪过了。"这是朱自清先生的散文《匆匆》里的一段对于时间的描述。时间就是如此匆匆，总是在不知不觉间从我们每个人的身边悄无声息地溜走。所以现代生活节奏快，我们最常听到的就是，压力大，事情多，时间不够用。就如罗大佑的歌中唱道的："许多的电话在响，许多的事要备忘，许多的门与抽屉，开了又关，关了又开如此的慌张。我来来往往，我匆匆忙忙，从一个方向到另一个方向。"这无疑是对现代人生活状态和工作状态的一种形象描述。

时间对于每个人都是公平的，可是真的是这样吗？为什么有的人看上去总是神采奕奕，有条不紊，即使身兼数职也一样能够应付自如；而有些人却每天忙得抬不起头来，走路也是一路小跑，生怕浪费一分一秒，甚至于还要把自己的吃饭时间和休息时间也搭在了工作之中。

案例中的情形在平时的工作中大概并不少见。当我们不知不觉发现上班的时间就要结束时，却恍然意识到一天的工作却还没有结束。像月月那样很容易被外界环境干扰，有点风吹草动就无法安心工作，上班的时间当中能有一半用来高效率办公就不错了。再加上做事又拖拖拉拉，不能做到今日事，今日毕，总是明日复明日的把工作无限期地拖延下去，当到了交付工作的时候，也只能是加班加点地工作也不一定能够有好的结果。

再有像小穆那样的情况也是屡见不鲜。勤勤恳恳地工作，但做的却不一定是自己分内的事情。只是碍于领导、同事的面子，怕因为自己的不接受而在领导、同事当中留下不良印象，于是虽然心有不满，却也只是敢怒不敢言，默默地承受着一切。这样长此以往，结果就是忙帮了不少，结果自己的工作却被拖延。要知道不能很好完成分内工作的人，即使做了再多的分外之事，做了再多次的老好人，也不会得到上司的赏识的，这就是所谓的费力不讨好。

　　对于刚工作时间不长的张楠来说，希望自己的能力能快速得到上级和同事的认可。他希望自己能做得更完善一些，让大家都满意。而在实际工作中他体会到自己有热情没经验，有知识没技能的局限，面对各种繁杂的工作事务他不知该先处理哪一件，被同事一催促就胡子眉毛一把抓，这是因为他不知道哪件事是重点，应该优先去做，同事的催促让他内心很不安，生怕因为耽误同事的事而给他们留下不好的印象。催促紧急的事情就一定要先做出处理，这实际上就不是一个好的方法。就好像医生在进行灾难现场的紧急救助时一样，医生需要根据自己的行医经验来判断哪些属于重伤员，需要先行救护，而不是在到达现场之后根据哪个伤员叫的声音最大就先救谁。因为能够呼救的伤员，证明体力尚还可以，而那些失去了呼救能力的伤员更需要及时的救治。结果时间安排不合理，弄得自己身心疲惫，毫无成就感而且效率不高，上级和同事对自己的工作状态也不满意。

　　由这几个事例不难看出，如何把握工作时间是能够胜任自身工作的重要内容之一。所谓时间的把握并不简单的就是马不停蹄地工作，而是我们如何让自己在工作的这几个小时之内能够充分地利用这段时间,让这段时间能够发挥出它最大的价值和意义。时间本身没有太多的含义,它的存在需要通过钟表的走动才能具体体现出来,在生活中是看不见摸不着的,它总是在不经意间就从我们身边悄悄溜走,而且从来都不会提醒你去珍惜它的存在。可当你意识到它离开的时候,它却早已经消失得没有了影踪。一个人如果能够把握好自己的时间,成为一个会把握时间的人,那么他也就能够把握好自己的前进与发展。

主观时间感

拖延必然浪费时间。有的人拖延是因为我们每个人的主观时间感不同。有很多因素会影响我们对时间的感受。大脑的生物基础会影响到我们如何感知和处理时间。通常,我们的大脑对时间都具有良好的判断,但是我们对时间的感知能力会受到如注意力、情绪、预期和前后背景等因素的影响而扭曲。例如,具有多动症的人往往对时间没有很好的判断。对他们来说,时间过得特别慢,他们认为的时间间隔要比实际时间短,因此当时间超过了他们的预期时就会出现典型的不耐烦的情绪,并希望更快地变换节奏。

著名的心理学家、社会学家津巴多对时间感知进行了全面的研究,结果显示:人们是参照基于过去、现在和未来的不同坐标来感知时间的。如果你只是局限于其中某一个时间坐标,那么你的时间观就会发生偏差和受到局限。那些可以在三种不同的时间坐标参照中保持平衡的人最有可能适应社会发展的步伐,也更能够充分地享受生活。

拒绝接受钟表时间、坚持遵行自己的主观时间、以自己的方式做事的人，感觉自己可以不顾后果而掌控时间，这样做势必会造成拖延。

月月生活在时间的主观感和客观时间的严重冲突中，不能认识到她的时间概念与钟表时间有着很大的差异。她对要花多长时间完成一项任务过于乐观，始终低估自己完成任务所需要的时间。

对于时间的主观感受是构成自我认同感不可或缺的一个组成部分。那些总认为"时间有的是"，对时间估计过于乐观的人，他们在自我认同方面也存在问题，为了避免内心不自信带来的痛苦体验，他们在无意识中使用了对时间估计过于乐观这种补偿策略，来补偿内心的自卑。

认知资源有限

不管我们看报纸还是从事一项工作都需要我们集中注意力。注意力是指人的心理活动指向和集中于某种事物的能力。我们无时无处不接收着外界大量的刺激，但大脑的认知资源是有限的。认知心理学大师丹尼尔·卡尼曼在1973年提出了注意的"认知资源理论"。该理论认为注意是对一组刺激进行归类和识别的认知资源或认知能力。这些认知资源是有限的，当刺激越复杂或加工任务越复杂时，占用的认知资源就越多。当认知资源完全被占用时，新的刺激就不能得到加工。该理论还假设，输入的刺激本身并不能自动地占用资源，而是在认知系统中有一个机制专门负责资源分配。这一机制是灵活的、受我们控制的。这样我们就可以把资源分配在我们认为重要的刺激上。因此，根据认知资源理论，若要完整地识别刺激，就需要资源。刺激越复杂，需要的资源越多。如果同时呈现几种复杂的刺激，资源很快被耗竭，如果资源耗尽就不能对新的刺激进行加工。对于一个熟练的司机来说，开车是一件很容易的事，所以可以毫无困难地一边开车一边说话。但是当交通拥挤时，司机必须小心翼翼地开车，不得不停止和别人谈话。

当我们面对多个工作时，大脑的认知资源是有限的，对于自动化程度高的活动，无需注意的参与就能完成，可以一心二用，例如可以一边看电视一边织毛衣，织毛衣就是一种自动化程度高的活动。但面对复杂的工作，就需要我们专心致志，同时做几项工作，资源很快被耗竭，人就会感到疲劳。

分清轻重缓急

要想使我们不成为时间的奴隶，被"紧张"的时间拖得精疲力竭，我们就需要对时间进行有效的管理。时间管理（Time Management）就是用技巧、技术和工具帮助人们完成工作、实现目标。时间管理并不是要把所有事情做完，而是更有效地运用时间。时间管理的目的除了要决定你该做些什么事情之外，另一个很重要的目的是决定什么事情不应该做。时间管理最重要的功能是透过事先的规划，提供一种提醒与指引。

要想把握时间首先要能够合理地对其进行安排和规划。这已经是一个老生常谈的问题了，换句话说就是要懂得为自己的时间做计划。从小到大我们做的计划可能数不胜数，小时候被要求做学习计划，长大了每年会被要求做工作计划，可为什么计划做来做去并没有看出什么成效来呢？其实做计划也大有学问所在，做完的计划实施起来也是有讲究的，并不是简简单单把我们要做的事情罗列出来，再标出所需时间点就可以大功告成。那么该如何制订计划呢？让我们一起来看看下面的例子。

一位心理培训师在给企业员工培训时做了一个有趣的试验。

培训师在上课时带来了一些石块、碎石、沙子、水还有一个铁桶。培训师告诉学生说："这只铁桶最大的容量，象征着在一段时间内，一个人的最多工作量。碎石象征着既重要又紧急的事务；石块象征着重要但不紧急的事务；细沙象征着紧急但不重要的事务；水象征着既不重要也不紧急的事务。"

重要而紧急——A 碎石型的事务	重要但不紧急——B 石块型的事务
危机	发掘新机会
急迫的问题	规划
有期限压力的计划	建立伙伴关系
紧急而不重要——C 细沙型的事务	不紧急也不重要——D 水型的事务
临时来访的接待	一些可做可不做的杂事
某些文件、信件、电话的处理	一些必要的应酬
某些会议的出席	
某些必要而不重要的会议、活动	

他问下面的员工在工作中一般倾向于先处理哪一类型的事务，大家几乎都回答是 A 型事务，其次是 B 型。于是培训师往铁桶里装碎石，然后装石块但最后几块怎么也装不进去了。

"换一种装法试试。"培训师提示道。于是他先把石块一一放进铁桶里，当铁桶里装满石块时，他停下来，问："现在铁桶里是不是再也装不下什么东西了？"

"是"学员们回答道。

"真的吗？"随后培训师把碎石放进已装满的铁桶表面，然后慢慢摇晃，不一会碎石全部装进了铁桶里。

"现在铁桶里是不是再也装不下什么东西了？"

"也许还可以。"学员们有了上一次的经验，这次变得谨慎了。

"大家说的没错。"培训师把细沙缓缓地倒在铁桶的表面，他慢慢摇晃铁桶，不一会儿，铁桶的表面就看不到细沙了。

"现在铁桶装满了吗？"培训师又一次问道。

"没有，还可以装水。"学员们争先恐后地回答道。

"太好了。"培训师把水缓缓倒进铁桶。这样石块、碎石、细沙、水都装进了铁桶。培训师问道："这个试验说明了什么呢？"

"处理事情要有轻重缓急，分类处理。"有人回答道。

"对，这个试验说明，如果铁桶里早已装满了碎石、沙子和水，那么我们就再也没有机会把石块装进铁桶里了。可是，如果我们首先把石块装进去，铁桶里还会有很多意想不到的空间来装剩下的东西。因此，有效率的时间管理是让我们分清楚什么是石块，什么是碎石、沙子和水？并且总是把石块放在第一位。"培训师接着说道。

"整天忙于处理碎石型事务的人，时刻有压力感，总在处理危机，通常缺乏自制力、短期行为严重，人际关系浮夸。"

"会不会因为偏重石块而耽误了碎石呢？因为碎石毕竟来得紧急呀！"有学员问道。

"你知道碎石是怎么来的吗？它是石块破碎而成的。偏重于石块一类事务的人，他的碎石会很少。偏重于碎石一类事务的人，他的碎石会源源不断。"培训师回答道。

"只有偏重于石块一类事务的人，才是真正有效率的人，他善于审时度势，能够抓住问题的关键，急所当急，当机立断并防患于未然。尽管有时也会有燃眉之急，却能设法降到最低。因此，这类人显得有远见、有理想、守纪律、自制力强，生活平衡有规律，而且能成大事。"培训师最后说道。

每天我们每个人都只有24个小时，差别在于如何利用这24小时。时间不能变长，但我们可以通过学习时间管理，提高工作效率，寻找工作与家庭生活之间的平衡。

美国的钢铁大王卡内基曾经就是个非常忙碌的人，他总是觉得自己的时间不够用。为此，他特意找到管理大师德鲁克，请教他解决这一问题的办法。德鲁克了解了之后，思考了一下，说道："你每天上班的前5分钟什么都先别做，把你今天要做的事情写下来，然后按照重要性的顺序对其进行排列。所谓的重要性是需要根据你对目标的理解来定的。最重要的事情放在第一位，其次重要的事情放在第二位，依此类推。排列好了之后，就开始做第一件事。在完成第一件事之前不再做任何其他的事情，直到把它完成为止。把这种方法作为每个工作日的习惯做法，并请你的员工同样这样去做。"卡内基依照德鲁克先生的建议去做，每天如此，经过一段时间，他的工作安排得井井有条，而且效率极高。5年以后，卡内基成为了全美的钢铁大王。

  卡内基的工作从开始的忙碌而无暇，到后来的井井有条是因为在这个过程中他每天都在为自己当天的工作做计划，并且按照工作的重要性来安排完成它们的先后顺序。把重要的事情放在前面先完成，这就是我们前面提到的做事要分轻重缓急，不能上来没有头绪，想起哪件是哪件，杂乱无章地做事情。其次在做的时候，也不能为了图省事求效率，而把不同的事情混杂在一起完成。眉毛胡子一把抓，并不能提高我们的工作效率，反而会因为不同事情的混杂而使得工作难以全身心投入，使得工作效率变得低下，并且把自己搞得疲惫不堪。

  张楠首先要做的第一件事就是每天早上上班后把要做的工作按轻重缓急分类，而不是每天都在忙于"碎石类"的工作，然后一件一件地完成，化被动为主动。这不仅可以提高工作效率，还能缓解焦虑的情绪，因为同时完成几件事往往会使人产生焦虑情绪，注意力难以集中,这样将大大降低做事效率。相反,每当处理完一件重要的事情,就会体会到成就感,好的感觉可以帮助我们更加有信心完成后面的工作。

学会拒绝,有所不为

　　拒绝当然不是一个简单的"不"字把对方回绝了事,那样生硬的拒绝想来是谁都难以接受的,所以在拒绝对方的时候语气上一定要委婉,表现出自己的确十分为难。千万不要冷冰冰,硬生生地把对方拒之于千里之外。在表示拒绝的时候要说明自己的理由,我们拒绝对方并不是因为我们不愿意或者不想帮助对方,而是在此时此刻自己确实是有其他的工作要完成,而没有能力帮助对方。我们可以在向对方表示清楚原因之后,再说明一下,在处理好自己的工作之后是很乐意帮助对方完成自己力所能及的事物的。一般在这样的情况下对方都会理解,毕竟在工作中大家还是要以完成自己的工作为主。而且要记住,当你完成自己的工作后一定要记得询问一下刚才向你寻求帮助的人是否还需要帮助,如果仍然需要,一定要全力以赴帮助他。这样做说明你把对方的请求牢记在心,很是重视,而且也表示你确实是希望能够帮助对方的,避免对方误认为你当时只是一时托辞,不想帮忙。如此一来,既能保证了自己的工作能够顺利完成,也不至于得罪了同事,丢失了好人缘。

　　有所为,有所不为,做现在应该做的事,按照上面说的方法把工作分清轻重缓急，一个时间只做一件事，不受外界的影响，不因有人催促就改变目标和行为，做到心不动，不折腾。

当然工作的环境并非真空，不是我们自己就能够决定的，很多时候都会有突发的紧急事件，或是同事、上级临时安排让我们去完成的事情，这时该如何去做呢？

张楠在工作中也经常遇到科长安排的工作没有做完，处长又临时安排一件，于是他放下手上的工作，开始做处长安排的，结果科长安排的工作没有完成，让科长以为他工作效率低，对他很不满意。

时间是有限的，有突发紧急事件打破了自己原来的计划安排，张楠依旧还是要"有所为，有所不为"，而此时可以去做的是：向上级领导汇报目前的工作状态，重新分配时间和任务。不要自己一个人默默承受时间的压力。良好的态度，能得到上级的体谅也会为你赢得时间。

提高时间判断能力

对于主观时间慢于现实时间的人来说，首先可以通过练习来提高判断时间的能力。

在做一件事之前，先自己估计一下完成这件事所需要的时间，然后将完成时间与实际时间做对比，不断感受实际的客观时间，慢慢提高精确判断时间的能力。

例如，在你开始看一本小说之前，先预测一下看100页需要多长时间，然后再开始阅读。可能你会以为："100页小意思，我很快就能看完，大概需要1个小时吧。"而实际你可能用了2个小时。通过这样的反复练习，你就能慢慢掌握现实时间的长短。月月就需要多做这样的练习。

习惯拖延的人，他们按照自己的成功或者失败来衡量自身的价值。因为害怕失败所以他们拖延，用过于乐观的时间估计来掩盖自己的恐惧；用控制来争夺权力让自己获得更多的自主感，这些都是为了能让自己感到更有价值。

克服拖延要对自己有更客观的认识，即不妄自菲薄，也不妄自尊大，这样就不需要用拖延来做心理补偿策略了。提高自我效能感能够提高自信，从积极的方面来争取成功。

自我效能感是心理学家班杜拉提出的概念，他认为人们对其能力的判断在个人自我管理系统中起着重要作用。所谓自我效能感就是指人们对自己实现某种行为目标所需能力的主观判断和信念。

班杜拉指出，有时人们明明知道某一行为会导致期待的结果，却不一定真正实施这一行为。这是因为单有目标是不够的，只有人们预测到通过自己的行为能够达到这一目标时，他才会真正去实施这一行为。可见，自我效能感通过对自身能力的主观评价所形成的效能期待影响人的行为。

自我效能低的人，对自身能力评价低，对成功不敢奢望，因此对工作任务缺乏动机，从而导致拖延。只有捱到最后期限才能激发他们的工作潜能，增强工作效率。这导致个体因为拖延任务才能获得更大的自我满足。

提高时间判断力，增强自我效能感，可以从四个方面来做：

1. **行为成就**。

一个人亲身经历的成败经验是最直接、最有影响力的效能信息源，成功会提高个体自我效能感，失败会降低自我效能感。经过多次的成功或失败会使人建立稳定的自我效能感。因此对于提高自我效能感要多体验成功。对于自我效能感低的人可以先选择简单的任务，建立自信后再选择困难的任务。对于困难的事情可以分割成简单的小块，然后按照计划的时间各个击破。当完成一部分后，别忘了给自己一个小小的奖励，让这种正强化可以帮助我们提高自我效能感，克服对困难的恐惧心理，逐步用积极行动取代消极拖延。

2. **替代经验**。

通过观察与自己主、客观条件相似的他人实施某种行为后获得的成败结果，会影响我们的自我效能感并进而影响我们的行为。我们可以观察周围的真正高效率的同事，学习他们处理工作的方式，来提高自我效能感。

3. **言语说服**。

他人的言语说服能影响我们的自我效能。劝服者的权威性、地位和专长是非常重要的因素。经常参加一些讲座，看励志类的书籍、与成功者谈话,都能提高我们的自我效能感。

4．情绪状态。

一般而言,强度不适当的紧张、兴奋等情绪唤起的生理状态会降低操作水平,导致自我效能感降低。而心平气和时可以从容操作,因而自我效能感提高,成功的可能性也会提高。因此在工作中保持良好的心态是非常重要的。

克服全能控制感

拖延的另一个功能就是给了我们一种全知全能的幻觉:我们可以掌控时间、掌控自己、掌控现实。

我们对全能控制感的渴望造成了拖延,而拖延的过程让我们在体验了不安、焦虑、后悔,对自己愤怒、谴责、绝望,对未来充满恐惧情感后,能够更强烈地体会到成功的喜悦、放松、被欣赏、被羡慕,就像坐过山车,慢慢爬到高点,然后极速下降,体会紧张积蓄后突然释放的快感。

美国南康涅狄格州立大学的心理系教授詹姆斯·马认为,拖延是"与自我控制对立的冲动"的特殊形式。拖延并不曾真正带来危害,赶在最后一刻完成任务,同时满足了虚荣心——我只用很短的时间却能取得不错甚至比别人好的结果。无形中觉得"自己最适合短期高压的工作状态"的心理得到强化,并对今后的工作产生暗示。错误的联结就是这样建立起来的,拖延成为了合理存在的一部分,成为一种负强化。

月月的情况就是如此，她从拖延中得到了上级的赏识、同事的羡慕、自我全能控制感的满足，这种行为就会不断地被无意识地强化。

这种全能控制感是我们在婴儿时期持有的一种幻想，当我们长大，遭遇到自己力量有限的现实时，我们仍旧渴望、幻想自己具有全能控制感。如果我们能获得更多的爱和帮助，并慢慢开始承认我们的局限性，就不用再担心失去控制会带来危险和失去关爱。

上面的描述看来好像控制感带给我们拖延，但是从另一个角度来想，对控制感的追求也可以帮助我们积极地达成目标。你需要完成以下几个步骤。

1. 明确目标。

目标要具体，空泛的目标让人无从下手，不知从何处做起，只好搁置在一边造成了拖延。

2. 将目标分几个步骤。

每一个步骤都要具有可操作性和能观察到具体的实施结果。例如，"我得为明年的工作准备好部门工作预算"这样的目标会让我们感到：时间还很早着呢，不用着急。最终可能就造成拖延。我们可以把目标分成几个步骤：（1）分析今年的预算情况；（2）对预算项目进行分类；（3）估计每分类的开销；（4）与上级讨论；（5）形成最终的报告。当"准备明年预算"这项工作被分解成一系列的短期目标时，它就容易被处理。

3. 设定时限。

　　在制定步骤时，要设置一个时限，严格按照时间来执行。

4. 观察感受。

　　每当你完成一个步骤观察一下自己的感受。我们可能会感到轻松，感到自己终于可以不用拖到最后就开始做事了……

　　这一切仍旧是在我们的控制之下完成的，同时也不断在向目标前进。我们可以从积极的角度获得控制和成就感。

拒绝完美

　　总是最后一个完成任务的人中有些人是总想把事情做到尽善尽美，对于一项工作难免再三斟酌，不想出现一点纰漏。结果常常是翻来覆去思量了很久，而迟迟没能下定结论，付诸行动。工作就这样久拖不决，结果造成了大量时间的浪费。

　　追求完美的人，在他们的心中要做就要做到最好，决不允许出现差错，所以他们常常会反复地思考、衡量。追求完美的另一面就是他们缺少自信，他们不太相信自己能够妥善地处理自己的工作内容，所以常常举棋不定，担心自己做得不够优秀。

　　我们在社会中认定的自己的形象，带有某种想象的成分。理想的自我，其实有一部分是自我妄想的结果。拖延的人很怕自己实际工作的结果，不能匹配想象的成功，怕这种虚幻的"理想自我"在现实中破灭。于是会产生强烈的焦虑，最终导致拖延行为的产生。

这时我们需要思考：你面对的困难是真实存在的，还是自我设立的屏障？

我们最终需要打破一个完美的自我的形象。暗示自己，不惧怕失败，去实施也未必会失败，而不仅仅是停留在准备和幻想里。积极行动起来，在工作中去体验，忍受焦虑、恐惧的痛苦，有所为，有所不为。这要求我们一方面对自己的痛苦情绪听之任之；另一方面要靠自己本来固有的上进心，努力去做应该做的事情。唯有行动和行动的结果才能体现一个人的价值，想象没有实践就毫无意义，与其想，不如做。焦虑、恐惧、痛苦的情绪不能受我们的意志所支配，但行动却可以服从我们的意志，积极的行动才能带来愉快的情感体验，在实际行动中打破原来对恐惧的幻想，就逐渐能更加客观地看待自己。

给自己规定完成工作的时间，在规定的时间内务必完成自己规定的内容，不留给自己反复修改、斟酌、考虑的时间。反复多次在规定时间内完成工作任务，及时地给自己以鼓励和肯定，告诉自己其实是完全有能力用很快的速度做好这些工作的，帮助自己树立工作信心。久而久之，习惯了这样的工作速度，相信了自己的工作能力，追求完美造成的拖延也就慢慢随之得以缓解和消失了。

结束语

时间管理是一种技术、一种工具、一种技巧、一种能力。运用到工作中它能帮助我们高效地完成任务、实现目标；运用到生活中它能提高生活质量，有更多的时间去做自己喜欢的事；通过对工作、生活的时间管理，掌握这种技术和能力，更加可以运用到我们对自己职业生涯和整个人生的规划之中。当我们回首往事时，才可以不因虚度年华而悔恨，不因碌碌无为而羞耻。时间管理，让我们的事业和人生更加美满。

心灵链接

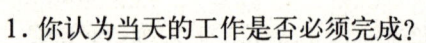

你是管理时间的高手吗？

时间就是生命，有效地利用工作时间能够事半功倍，为公司创造最大的效益。下面将测试你的时间管理能力。请选择合适自己的答案。

1. 你认为当天的工作是否必须完成？

　　A．是　　　　　　B．否

2. 你会制定年度计划并具体安排每天的工作吗？

　　A．是　　　　　　B．否

3. 你的文件是按照重要性分类管理吗？

　　A、是　　　　　　B．否

4. 你会把同样．同类．同时使用的东西放在一起吗？

　　A．是　　　　　　B．否

5. 你的办公室是否很整洁干净？

　　A．是　　　　　　B．否

6. 你会尽量减少开会次数吗？

A. 是　　　　　　B. 否

7. 如果工作时间很紧，你会经常看表并作出下一步的安排吗？

A. 是　　　　　　B. 否

8. 工作之际你是否会稍作休息．劳逸结合呢？

A. 是　　　　　　B. 否

9. 工作很忙时，你是否会有紧迫感？

A. 是　　　　　　B. 否

10. 你曾向别人请教如何利用时间吗？

A. 是　　　　　　B. 否

11. 你对每天的工作是否能分清轻重缓急？

A. 是　　　　　　B. 否

12. "只要善于利用时间，你每天就可以多出一点时间。"

A. 是　　　　　　B. 否

13. 你会为不熟悉的工作预先制订计划吗？

A. 是　　　　　　B. 否

14. 你清楚自己工作效率最高与工作效率最低的时间分布吗？

A. 是　　　　　　B. 否

15. 你对突然插进来的要紧事能接受吗？

A. 是　　　　　　B. 否

16. 来访者不愿意透露来意，你会在工作室会见吗？

A. 是　　　　　　B. 否

17. 你在工作时，有电话找你，你会出于礼貌听对方长篇大论吗？

A. 是　　　　　　B. 否

18. 你会花很多时间对自己的工作成果反复检查以确保万无一失吗？

A. 是　　　　　　B. 否

19. 为提高工作效率，你经常超负荷工作吗？

A. 是　　　　　　B. 否

20. 你宁可自己动手也不会把工作委派给他人吗？

A. 是　　　　　　B. 否

积分标准：

1~14题选择A得1分，选择B不得分；15~20题选择B得1分，选择A得不得分。然后将各题所得分数相加。

测试结果

（1）总得分17~20分。你的时间管理能力很强，你很有毅力，能够坚持不懈地把工作做好，是个难得的好员工。

（2）总得分为11~16分。你对时间的管理能力一般，你总是想放松自己，有时又能够很好地管理自己。

（3）总得分为10分及以下。你的时间管理能力很差，你的计划从来不能实现，没有时间观念，总是找各种理拖延，懒惰是其中的主要原因。如果不改变这种状况，那么成为企业优秀管理人才的机会将与你无缘。

第五课　我的未来不是梦

——职业生涯规划

人要有生活目标，一辈子的目标，一段时期的目标，一个阶段的目标，一年的目标，一个月的目标，一个星期的目标，一天的目标，一个小时的目标，一分钟的目标。

——托尔斯泰

机关故事

李志36年来的人生经历一直是顺顺利利的，都是按照父母安排好的路线在前进——上大学，考公务员，努力工作升职进迁。而这些并未给他带来多大的快乐，因为这些都不是他自己选择的。考大学报专业时，父母就已经替他想好了未来发展的方向，他想选择自己喜欢的英语专业，大学毕业后出国继续深造。但父母认为英语专业没前途，大学生都会说英语，不能算一个特长，而为他选择了财政学专业。大学毕业后他还是想出国，但家人要他考公务员，一向听话的他没有反驳家人的意见，而且身边多数同学都报考公务员，于是他也报了名。成绩一贯优异的李志凭借着稳定的发挥，挫败众多考生，成为了一名让家人很有面子，让别人很羡慕的国家公务员。

工作后，李志对待工作依旧勤奋、负责、能吃苦，对待同事谦虚、有礼貌。李志不仅努力，而且也很聪明，他总是能比较准确地理解领导的任务要求，也能比较快地找到一个合理、有效的工作方法。

工作10年后，表现出色的李志逐步从科员、副科级、科级，提升为副处级干部。但最近在事业上他遇到了瓶颈——他停留在副处的职位上止步不前。他知道自己最近的工作状态不太好，针对处于小学关键阶段的孩子近年来也让李志费了一些心思，接送孩子上学、辅导孩子学习功课让李志明显地觉得花在工作上的时间少了。他经常会感觉到自己的精力没有前几年那么旺盛了，工作看起来也没有以前那样有意义了。

自己虽然算是一个领导，但是重要的事并不是他说了算，自己的很多想法也难以完成，干的工作很多都是他不喜欢干的事儿或不赞成干的事儿。在他看来，以前升职快一方面是自己努力、运气好，另一方面是因为周围没有更多的竞争对手。现如今，升职越来越困难，既要"围着领导转"，又要工作不出错，而且他的人际关系背景不如其他同级别的干部，所以对未来发展前景颇感不妙。

生涯需要规划

《礼记·中庸》有云："凡预则立，不预则废"。是说不论做什么事，事先有准备，就能成功，不然就会失败。不论做什么事，事先做了精心的准备和合理的筹划，将来才能更好地达到目标。人生的前 20 年是在学习，为做工作而储备知识和技能，后 40 年在工作。人的一生有一半的时间都是在工作，工作占了人生相当重要的位置，做一个合理的职业生涯规划，不仅对工作，对整个人生都是非常有帮助的。

职业生涯规划，是指对个人一生职业发展道路的设想和规划。为了有效地实现自我价值以保证在事业上取得更大的成就，每个人都需要对自己所从事的职业、为之服务的组织、担负的职务以及发展道路进行全面的规划。

我们的一生都在选择、准备、实践着个人的人生生涯与生活方式，包括学业、职业、家庭等都是我们必须面对的课题，这些课题进而统合构成贯穿个人一生的发展历程。对自己的一生做好各种评估、选择、准备与计划，个人独特的生命意义才得以实现。

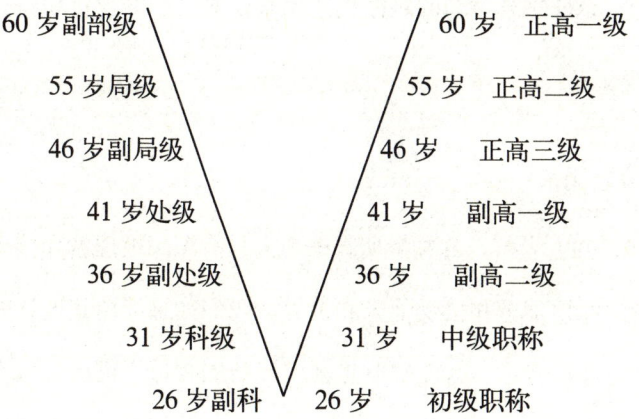

上面是两条不同的职业路线，但最终都能获得成就，没有对与错，只有适合不适合。那么如何来确定我们该选择哪条路线呢？在选择

确定职业目标、选择职业路线时要择己所爱、择己所能、择己所需。

我们的一生是寻找三样东西的过程。一是找"自己",二是找意中人"他"或"她",三是找"它",一份适合自己的职业。我们从小到大努力学习,发展各种技能,就是想在毕业后能找到一份理想的工作,最大程度地发挥自己的才能,体现自己的价值并在经济上富足,提高生活水平。

几年前李志以为自己找到了适合的职业,但人过而立之后他开始迷茫,这是缘于他不够了解自己,不知道自己是谁,因为他的人生都是被父母安排好的,顺利的经历让他不用去思考这些问题,只要按照父母安排的路线去做就行了。但人到中年,事业、生活开始归于平淡,每天重复着一样的生活,类似的工作内容,于是我们会思考自己的价值到底在哪?我为何而活?生命的意义是什么?这些本来应该在青春期时思考的问题浮现了出来,对自己的现在和将来产生了迷茫。

人贵有自知之明

老子曰:知人者智,自知者明。一个人只有深深地理解和接受自己,才会深深地理解和接受他人和世界。我们如果能清楚地认知自己,准确地评价自己,就能够制定现实可行的目标,进而采取有效的行动,充分发挥自己的长处,心理上比较平衡,采取的自我防御越少,社会适应能力就越强,最终取得成功;相反,一个人如果不能清楚地认识和评价自己，对自身的评价并不稳定，时而自卑，时而自负，就会影响自身的发展。

个人的自我探索、对职业资源的探索以及对环境资源的评估正是生涯规划鼎足而立的三脚架，而自我探索是其他两条边成立的基础。自我探索是要了解自己的兴趣、特质、性格、能力等。

著名的心理学家库里提出别人的存在就像是你的镜子。当我们看不见自己的面孔时，常常借助于镜子，同样，我们不易评价自己的品质时，可以依靠别人对我们的态度和反应来判断。在与他人交往的过程中，我们借助自己的外显行为将自己介绍给别人，反过来别人对我们的看法又影响着我们对自己的认识。因此，我们对自己的认识在很大程度上取决于周围的人对我们如何评价。每个人在社会生活中都会有人告诉我们真实的声音，这些声音在我们的成长中是宝贵的，如果我们有十个朋友，他们就像十面镜子，从不同的方向反射，促进我们的自我完善，不要怕刺眼，勇敢地正视镜中的自己。当然，他人的评价并非都很准确，这正如镜子因凸凹不平会歪曲人的形象一样。倘若我们能和多数人交往，注意倾听多数人的意见或反应，善于从周围人的一系列评价中，概括出一些较稳定的评价作为自我评价的基础，这将大大有助于自我了解。

社会心理学家费斯廷格在1954年提出社会比较理论，他认为人有一种评估自己的内驱力的倾向：在缺乏客观的、非社会标准的情况下，人们将通过与他人的比较来评估自己，从而评定自己的价值。

每当我们怀疑自己的能力，反躬自问"我在某方面的能力到底如何"时，就会很自然地想到和别人进行比较，以判定自己在社会生活中的位置和形象。跑步的速度是通过与别人赛跑中比较出来的，个人认识评价自己的品质、能力等也是如此。有时与条件胜于自己的人相比较，有时与条件低于自己的人相比较，至于如何选择，则视社会情境而定。有人与别人比财富，有人与别人比能力，也有人与别人比容貌。无论所比为何，我们都能通过对比来评估自己以及自己和周围环境的关系，从与别人比较中寻找自我价值。

发掘潜力与盲点

美国社会学家约瑟夫·卢福特和哈里·伊阿那认为人自身储存的信息有四种形态或称其为有四种区域，将其比喻成每个人内心的四扇窗，即开敞之窗、未察觉之窗、隐秘之窗、关闭之窗，我们称之为"约哈里之窗"。

为自己设想一个大窗户，其一，开放区，是自己与他人都了解的部分（A）；其二，盲点区，包含自己不了解而他人了解的部分（B）；其三，隐藏区，包含自己了解而他人不了解的部分（C）；其四，

	了解 自己	不了解	
了解 他 人 不 了 解	开放（A） →	盲点（B）	
	↓		
	隐藏（C）	未知（D）	

未知区，自己和他人都不了解的部分（D）。只要致力使"未察觉之窗"与"隐藏之窗"更开敞一些，我们就可以慢慢成为个性开朗的人，减少他人所不知与自己所不知的窗格，有助于认识自己，了解自我。

运用"约哈里之窗"认识和评价自我的方法，第一步，请5个或10个非常了解你的朋友，要他们列出你的优点和缺点。可以先从好朋友做起，看他们到底怎么样看你。如果想进一步客观地评价自己，再请那些你最不喜欢的人列出你的优缺点，也就是让别人做你的镜子，利用别人给你的回馈，帮助你认识自己，评价自己。第二步，你自己也拿出一张纸来，自己列出自己的优点和缺点。然后将自己列出的与别人列出的一一比较，便可能产生上表中列出的四种情况。由"约哈里之窗"你也许会发现自己有许多优点，别人并不知道，也可能出现别人认为的你的优点，你自己反而不觉得，这样你可进一步了解自己。同样，你的缺点也可能有类似的情形。

我们不仅应该依据他人的态度来观察自己，认识自己，更主要的还应通过内省来认识自己。人能够与自己的内心真实地接触，和自己进行一个对话，来反思和认识自己也是一个很好的方法。《论语》中孔子说要 "吾日三省吾身"。人在内心深处整理自己的时候，会发现自己以前不曾发现的领域，甚至有的时候会产生顿悟，心理打开一扇窗，自己会主动地选择积极、建设性的改变。

写日记、博客、微博都是非常好的自我内省的方式，它们不仅是自我暴露、自我交流的手段，还是自我分析、自我认识、自我监督的手段。古今中外，许多名人都是非常善于内省和自我分析的。例如达尔文在自我分析时曾说："我既没有突出的理解力，也没有过人的机智。只是在觉察那些稍纵即逝的事物且对其进行精细观察的能力上，我可能是在众人之上。"革命老前辈、教育家吴玉章经常全面、深刻、尖锐地分析自己，终成伟大的共产主义战士。他在自传中写道："我觉得，我有些优点，但同时又是缺点。如我忠诚坦白，但因此缺乏警惕性，易受人欺；有恒心毅力，但因此做事迟缓，不敏捷；志趣远大，但又因好大不顾实力，常常不能完成计划；特别是'党八股'的毛病深，写文章总是长而拙；我艰苦而耐劳，克己为人，往往因此不应该让步者让步；我能好恶人，但不能'打而知其恶，告内知其美'，特别是在使用干部上常受其善，不为威胁，不为利诱，能知足安分，存心做一个好人，能随时代潮流并进，心志纯洁，大公无私。"

用理智之灯沿着心理的隧道来烛照它的光明，人要前进，向着幽深的自我前进，只有分析自己，认识自我，才能实现自我。

生命的价值

在一次讨论会上，一位著名的演说家没讲一句开场白，手里却高举着一张20美元的钞票。面对会议室里的200个人，他问："谁要这20美元？"一只只手举了起来。他接着说："我打算把这20美元送给你们中的一位，但在这之前，请准许我做一件事。"他说着将钞票揉成一团,然后问:"谁还要?"仍有人举起手来。

他又说:"那么,假如我这样做又会怎么样呢?"他把钞票扔到地上,又踏上一只脚,并且用脚碾它。而后他拾起钞票,钞票已变得又脏又皱。

"现在谁还要?"还是有人举起手来。

"朋友们,你们已经上了一堂很有意义的课。无论我如何对待那张钞票,你们还是想要它,因为它并没有贬值,它依旧值20美元。人生路上,我们会无数次被自己的决定或碰到的逆境击倒、欺凌甚至碾得粉身碎骨,我们觉得自己似乎一文不值。但无论发生什么,或将要发生什么,我们永远不会丧失价值。不论肮脏或洁净,衣着齐整或不齐整,我们依然是无价之宝。"

我们的一生常常会重新审视自我,追问生命的价值。我们对自己客观的认知,不会随境地的改变而改变。不论是顺境也好,逆境也罢,我就是我自己。

充实自己的能力

能力是职业生涯管理中的一个重要组成部分,它反映了一个人能做什么或通过适当培训后能做什么。能力意味着一个人在工作中表现出来的技能、经验和知识。它能够使一个人的工作变得出色,因此我们在进行职业生涯规划时,要知道自己适合做什么,能做什么,考虑清楚自身的才能是非常关键的,这样才有可能在职场上获得主动权，进而取得职业生涯的成功。

下面的能力，你具备哪些？

1. 人际交往能力
2. 沟通能力
3. 言语表达能力
4. 书面表达能力
5. 学习能力
6. 创造力
7. 数字图表处理能力
8. 细致能力
9. 领导能力
10. 判断和决策能力
11. 计划和执行能力
12. 动手实践能力
13. 分析能力
14. 协作能力
15. 组织协调能力

把握生涯发展机遇

"知己知彼，百战百胜"，"知己"——了解了自己，"知彼"——了解我们所处的环境。我们每个人都处在一定的环境中，离开了这个环境，便无法生存与成长。环境对个人的职业生涯有着直接或间接的影响，深刻地了解我们所处的环境，不仅可以让我们更好地生存，更可能改变人生发展的轨迹。

对工作环境的分析一般包括以下几点。一是组织特色，包括组织规模、组织结构等；二是人力评估，包括人才的需求预测、升迁政策等，重点了解组织未来需要什么样的人才，对人才的具体要求是什么，升迁政策有哪些规定。

了解了自己和工作的环境，利用SWOT分析法分析自身的优劣势以及来自外部环境的机会和威胁，能让我们更清晰地认清自己所处的位置。

1. 优势分析

——你曾经做过什么？即已有的人生经历和体验，如过去担任的职务，获得过的奖励等。这些可以从侧面反映出一个人的素质状况。在自我分析时，要善于利用过去的经验选择、推断未来的工作机会。

——最成功的是什么？你可能做过很多事情，但最成功的是什么？为何成功？是偶然还是必然。通过分析，可以发现自我性格优越的一面，比如坚强、果断，以此作为个人深层次挖掘的动力之源和魅力闪光点，这也是职业规划的有力支撑。

2. 劣势分析

——性格弱点。如不善交际、感情用事等。

——经验或经历中所欠缺的方面。

3. 机会分析

——对所处环境的分析。目前哪些因素对自己有利,将来的政策风向有可能是什么?

——人际关系分析。哪些人对自己的事业发展有帮助,帮助有多大,会持续多久,如何与他们保持关系。

4. 威胁分析

——对所处环境和以后所选择的单位内部各种危机进行分析。单位是否重组或改制,有无空缺职位,竞争该职位需要哪些具体条件,有多少人和自己竞争这个职位,目前有哪些因素对自己不利等。

我们仔细地对自己做一个 SWOT 分析评估,可以让我们对于自己所处的位置做到心中有数,有助于顺利实现目标。之后列出 3~5 年内最想实现的 3~4 个目标。这些目标可以包括:我将上升到什么位置,我将管理多少人,或者我希望自己拿到的薪水。目标必须要竭尽所能地发挥出自己的优势,并使之与企业内提供的工作机会匹配。

拟出一份实现每一目标的行动计划,并且详细地说明为了实现每一目标,我们要做的每一件事,何时完成这些事。例如,个人 SWOT 分析可能表明,为了实现理想中的职业目标,我们需要进修更多的企业管理课程,那么,我们的职业行动计划应说明何时进修这些课程。拟定的详尽的行动计划将帮助我们作决策,详尽的个人 SWOT 分析后,我们将有一个连贯的、实际可行的个人职业策略供自己参考。

当今社会，拥有一份挑战和乐趣并存、薪酬丰厚的职业是每个人的梦想和愿望，但并不是每一个人都能成功地实现这一梦想。因此，除了SWOT分析结果和职业行动指南，我们还必须保证有效地执行它，没有强有力的执行，一切努力都是徒劳的，执行中还需要逐渐地修正，因为世间没有最完美的方案，当我们执著地去做的时候，就会发现，其实梦想并不遥远，成功就在我们身边。

四十多年前，一个十多岁的穷小子，自小生长在贫民窟里，身体非常瘦弱，却在日记里立志长大后要做美国总统。如何能实现这样宏伟的抱负呢？年纪轻轻的他，经过几天几夜的思索，拟定了这样一系列的连锁目标。

做美国总统首先要做美国州长——要竞选州长必须得到雄厚的财力后盾的支持——要获得财团的支持就一定得融入财团——要融入财团最好要娶一位豪门千金——要娶一位豪门千金必须成为名人——成为名人的快速方法就是做电影明星——做电影明星得练好身体，练出阳刚之气。

按照这样的思路，他开始步步为营。某日，当他看到著名的体操运动主席库尔后，他相信练健美是强身健体的好点子，因而萌生了练健美的兴趣。他开始刻苦而持之以恒地练习健美，他渴望成为世界上最结实的壮汉。三年后，借着发达的肌肉，一身似雕塑的体魄，他开始成为健美先生。

在以后的几年中，他囊括了欧洲、世界、全球、奥林匹克的"健美先生"称号。22岁时，他踏入了美国好莱坞。在好莱坞，他花费了十年时间，利用在体育方面的成就，一心去表现坚强不屈、百折不挠的硬汉形象。终于，他在演艺界声名鹊起。当他的电影事业如日中天时，女友的家庭在他们相恋九年后，也终于接纳了这位"黑脸庄稼人"。他的女友就是赫赫有名的肯尼迪总统的侄女。

婚姻生活恩爱地过去了十几个春秋。他与太太生育了四个孩子，建立了一个典型的"五好"家庭。2003年，年逾五十七岁的他，告老退出了影坛，转而从政，成功地竞选成为美国加州州长。他的下一个目标就是美国总统。

他就是阿诺德·施瓦辛格。他的经历让人记住了这样一句话：思想有多远，我们就能走多远。

我们可以看到职业规划制定得越早，步骤越详细，越能早日实现自己的梦想。不管这个目标多么艰难，自己的现实和理想之间相差多远，只要自己有恒心，有切实可行的计划，并一步一个脚印踏踏实实地去完成，就一定能实现自己的理想！

正视工作家庭冲突

很多人事业上难于成功，不能平步青云，和家庭的负累有一定关联。机关女性的情况尤其突出。

工作家庭冲突是指工作和家庭领域间存在着某种程度的不相容，从而造成角色间的冲突与压力。主要体现在以下三个方面：(1)时间冲突：当多重角色对个人时间的需求发生争夺或竞争的情形时，时间冲突的情形就会发生；(2)紧张冲突：当某一领域的角色压力使个人产生生理或心理上的紧张，因而阻碍他完成另一领域的角色期望时，紧张冲突就会发生；(3) 行为冲突：在工作及家庭领域中，合适的行为模式不尽相同，当这些模式之间产生矛盾，而必要的行为调整亦无法完成时，行为冲突就会发生。

对于那些在机关工作的女性，还要承担多重的社会角色，其中有职业者、母亲、配偶等，而且受到传统社会角色期待的限制，女性角色对家庭的责任要比男性更突出，这不可避免地导致女性在进入职业领域后会经历更多的或者更高水平的工作家庭冲突，或者在很多方面和男性之间存在差异。而母亲们可能会体验到更多地从工作到家庭的影响，因为社会对女性的角色期望是家庭，而工作机构对女性的角色期望是工作。女性该如何面对这种冲突呢？

首先，从个体层面分析，职业女性应进行三维管理，即职业生涯管理、家庭管理和自我管理。职业生涯发展道路设计要进行三维策划：一是职业匹配过程的主动策划，即个人根据自身个性、能力、素质、家庭、婚姻和年龄等进行职业设计与职业选择；二是职业匹配过程的组织策划，即组织对职业选择的指导和组织对职业匹配过程的策划；三是职业匹配过程的重新策划，即职业发展过程中的平移或变更。

女性在职业生涯发展过程中，要想在职业生涯中获得成功，就必须正确处理职业与家庭的关系。最明智的做法便是摆正心态，冷静分析家庭与事业两者之间的关系，权衡利弊，分清孰重孰轻，再寻找对策。主动策划，自身必须有准确的职业定位，对自己充满信心，重视自己的职业形象，发展好良好的人际关系，善用社会资源，学习在变化中求生存。

职业女性需要培养自己对工作的兴趣和事业心，通过各种途径提高职业角色所需要的各种能力，以缓解社会角色对自己的压力。职业女性要确立角色代偿意识，角色代偿意识是指职业女性由于实际生活中不可避免的、客观因素的限制，需要在某个阶段或某个场合为了某个角色而暂时放松对另一个角色的要求，或者说在人生的不同阶段对角色的实践有所侧重，角色代偿意识的确立，可以使女性从自己的实际情况出发，寻求角色平衡。

走出家庭与事业的迷宫，方式因人而异。职业女性应弄清楚抚养孩子和工作之间的重点；并允许自己得到专业指导，找到适合自己独特需求的解决办法；鼓励自己成为走出事业与家庭关系迷宫的先锋。

同时女性职业生涯设计还可考虑使用双职业生涯方式设计，即夫妻双方作为一个整体，进行双方的职业生涯设计。中国女性的传统观念认为，母亲对孩子的发展起着无与伦比的作用，有研究表明：母亲工作与孩子的发展并无直接关系。单纯看母亲是否工作而研究其对孩子发展的影响实在是把问题想得太简单了，孩子的发展主要取决于家庭环境因素，包括对孩子照顾的质量、家境、婚姻状况、工作系统性和其他相关变量。相反，研究表明父亲在孩子的生活中扮演着非常重要的角色，但这却常常被忽视了，所以，从这一点来说，女性不应该再责备自己，而应该鼓励自己去工作，以给孩子创造更好的家庭环境，并让男性积极参与到家庭生活中来，共同担负起家庭的职责。

职务提升不能代表一切

  电影《阿甘正传》中的阿甘，是一个智商只有75的智力残疾人士，但他却成为了大学生、橄榄球明星、越战英雄、乒乓明星、国会勋章获得者。其实阿甘没有任何特长，除了奔跑，还是奔跑。他的一生都在不断地奔跑着，跑遍了小镇上的每一个角落；从中学跑进大学；从大学跑进海军陆战队；跑进了越南的森林；跑进了美国的乒乓球国家队；跑到了中国；跑到海上去捕虾；跑到了美国总统的身边；跑遍了全美国……他从没有刻意地去追求什么，然而成功却在他的毫无功利意识的努力中悄然而至。他的成功是因为他纯洁而简单的信念——just do it——从未曾改变。阿甘虽然智商不高，但是他很清楚自己在做什么以及如何才能做得更好。

  很多人在心目中笑阿甘傻，但是事实上，这个充满规则的复杂世界也一样可以很简单，因为我们脚下的路没有哪一条不是靠我们一步一个脚印踩出来的。阿甘无论做什么事情都尽自己最大的努力去追求并做好，从来不渴望得到什么回报，别人经常笑他智商低，是傻子，可是凭他自己踏踏实实的努力，创造了他辉煌的一生。

  一个人成功与否，关键不在于他的智商高低，不在于他渴望追求的是什么，而是在于他是否努力去做好现在手中的每件事！在现实生活中我们不可能知道自己的命运会是什么样，但是通过自己的努力可以主宰自己的命运。

  我们希望李志平步青云，在更高的职位上发挥更加重要的作用。但是李志能够在现在的副处级岗位上兢兢业业，立足本职工作，脚踏实地，苦心修炼，不问前程，数年之后走过来，难道不也是一种成功？看来做好职业生涯规划，还要做好事业规划，从工作本身中寻找意义和价值。

心灵链接

霍兰德的职业兴趣理论

美国霍普金斯大学心理学教授约翰·霍兰德(John Holland)是美国著名的职业指导专家。他于1971年提出具有广泛社会影响的个性——工作适应性理论，并编制了霍兰德职业人格能力测验，该测验能帮助个体发现和确定自己的职业兴趣与能力专长，进而作为个体在求职择业时进行决策的依据。

霍兰德认为，生涯选择是个人人格在工作世界中的表露和延伸，某一类型的职业通常会吸引具有相同人格特质的人，而具有相同人格特质的人对许多生活事件的反应模式也是基本相似的，他们创造了具有某一特色的生活环境（也包括工作环境）。霍兰德认为，在同等条件下，人和环境的适配性或一致性将会增加个体的工作满意度、职业稳定性和职业成就感。

霍兰德生涯理论的基础主要由四个基本假设组成：(1)大多数人的人格特质都可以归纳为六种类型，即现实型、研究型、艺术型、社会型、管理型和常规型；(2)工作环境也有六种类型，其名称、性质与人格类型的分类一致；(3)人们都尽量寻找那些能突出自己特长、体现自己价值和能令自己愉快的职业;(4)一个人的行为表现是职业环境类型和人格类型相互作用的结果。如果知道自己的人格类型和职业类型,我们就可以预测自己的职业选择、工作变换、职业成就、教育及社会行为。

霍兰德所划分的六大类型,并非是并列的、有着明晰的边界的。他以六边形标示出六大类型的关系,如下图所示:

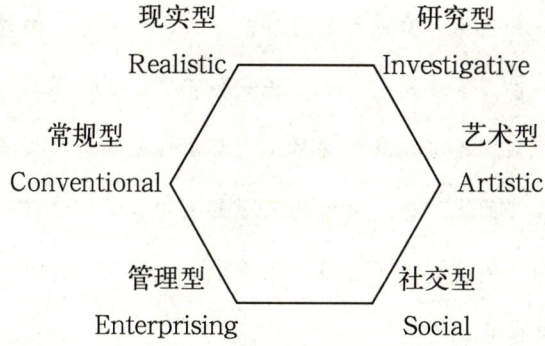

图中可以看出:每一种类型与其他类型之间存在不同程度的关系,大体可描述为三类:

1、相邻关系,如 RI、IA、AS、SE、EC 及 RC。属于这种关系的两种类型的个体之间共同点较多,现实型 R、研究型 I 的人就都不太偏好人际交往,这两种职业环境中也都较少机会与人接触。

2、相隔关系,如 SI、SC、EA、ER、CI 及 CS,属于这种关系的两种类型个体之间共同点较相邻关系少。

3、相对关系,在六边形上处于对角位置的类型之间即为相对关系,如 RS、IE、AC、SR、EI 及 CA 即是,相对关系的人格类型共同点少,因此,一个人同时对处于相对关系的两种职业环境都兴趣很浓的情况较为少见。

六种类型的兴趣特点

现实型

现实型的人喜欢户外、机械以及体育类的活动或职业。喜欢与"物"打交道而不喜欢与"人"打交道,喜欢制造、修理东西。喜欢操作设备和机器,喜欢看到有形的东西。有毅力、勤勉,缺乏创造性和原创性。喜欢用熟悉的方法做事并建立固定模式,考虑问题往往比较绝对。不喜欢模棱两可,不喜欢抽象理论和哲学思辨。是个传统、保守的人,缺乏良好的人际关系和言语沟通技巧。当成为别人瞩目中心时会感到不自在,不善于表达自己的情感。别人认为他比较腼腆害羞。

研究型

研究型的人好奇心强,好问问题。喜欢了解、解释和预测身边发生的事。有科学探索的热情,对于非科学、过于简单或超自然的解释,多持否定和批判的态度。对于喜欢做的事能够全神贯注,心无旁骛。独立自主并喜欢单枪匹马做事。不喜欢管人也不喜欢被管,喜欢从理论和思辨的角度看问题。喜欢解决抽象、含糊的问题,具有创造性,常有新鲜创意,往往难以接受传统价值观。逃避那种高度结构化、束缚性强的环境。处理事情按部就班、精确且有条理,对于自己的智力很有信心。在社交场合常会感到困窘，缺乏领导能力和说服技巧。在人际关系方面拘谨、刻板。不太善于表达情感。

艺术型

艺术型的人有创造力、善表达、有原则、天真、有个性。喜欢与众不同并努力做个卓绝出众的人。不喜欢从事笨重的体力活动，不喜欢高度规范化和程序化的任务。喜欢通过艺术作品表现事物、表现自我，希望得到众人的关注和赞赏，对于批评很敏感。在衣着、言行举止上倾向于无拘无束、不循传统。喜欢在无人监督的情况下工作，处事比较冲动。非常重视美及审美的品位，比较情绪化且心思复杂。喜欢抽象的工作及非结构化的环境。寻求别人的接纳和赞美，觉得亲密的人际关系有压力而避免之。

社会型

社会型的人友善、热心、外向、合作，喜欢与人为伍。能洞察别人的情感和问题。喜欢扮演帮助别人的角色，如教师、顾问。喜欢表达自己并在人群中具有说服力，喜欢当焦点人物并乐于处在团体的中心位置。对于生活及与人相处都很敏感，理想化、谨慎。喜欢哲学问题，如人生、宗教及道德伦理问题。不喜欢从事与机器或资料有关的工作，或是结构严密、重复性的工作。和别人相处融洽并能自然地表达情感，待人处事圆滑，给别人以仁慈、乐于助人的印象。

管理型

　　管理型的人外向、自省、有说服力、乐观。喜欢有胆略的活动，敢于冒险。支配欲强，对管理和领导工作感兴趣。通常喜欢追求权力、财富、地位。善于辞令，总是力求使别人接受自己的观点，具有劝说、调配人的才能。自认为很受他人欢迎，缺乏从事细致工作的耐心。不喜欢那些需要长期智力活动的工作，管理型的人头脑清楚，思维敏捷．是可靠的生活和社会的保障。

常规型

　　常规型的人做事一板一眼、固执、脚踏实地，喜欢做抄写、计算等遵守固定程序的活动，是个可信赖、有效率且尽责的人。依赖团体和组织以获得安全感并努力成为好成员，在大型机构中从事一般性工作就感到满足，不寻求担任领导职务。知道自己该做什么事时，会感到很自在。不习惯自己对事情作判断和决策，因而不喜欢模棱两可的指示，希望精确了解到底要求自己做什么，对于明确规定的任务可以很好地完成。倾向于保守和遵循传统，习惯于服从、执行上级命令。喜欢在令人愉快的室内环境工作，重视物质享受及财物。有自制力并有节制地表达自己的情感，避免紧张的人际关系，喜欢自然的人际关系。在熟识的人群中才会自在。喜欢有计划地做事，不喜欢打破惯例，不喜欢从事笨重的体力劳动。

第六课　敢问路在何方

——职业倦怠

如果能发现工作的乐趣，人生就是天堂！

——歌德

机关故事

　　公务员小李刚参加工作的时候，觉得自己应该算是个幸运儿，因为从事的工作收入上既有保证，又能满足自己的自豪感。他总是满怀信心地投入工作，因为他要实现自己的职业梦想——成为一名优秀的国家干部。虽然现在的工作与自己的专业没有什么关系，但是，他认为这是一个新人成长的必然道路，因此小李也在工作上付出了很多努力。

　　四年过去了，公务员这种职业的神秘感早已没有了，自己再也不像刚来时那样为了某个任务的完成而沾沾自喜。他觉得领导不器重他，曾经几次向领导提出建设性的意见，但都没有被采纳，现在给他安排的工作都很简单，毫无挑战，他觉得是不用动脑子就能完成的事，这让他觉得工作不能带来成就感，感觉自己就像一个提线木偶任人摆布。慢慢地，他的工作态度发生了明显的变化，就想着只要不出错就万事大吉了，多一件事都不想管。小李现在特别不想工作，对工作完全没有了热情，刚一上班就感到非常疲劳。"可这是我曾经最喜欢的职业呀！这真是我想要的生活吗？我真的适合做这份工作吗？"大学刚毕业的时候，小李很庆幸能够找到一份像现在这样的工作，工作稳定、收入满意。而现在他不仅对工作不满意，对自己也不满意，他已经很长一段时间没有学习新东西了，因为自己不知道再学新的知识将来会有什么用。

就这样日复一日，年复一年，又过了2年，小李的工作依旧那样按部就班，没有任何新鲜感，每天都是例行公事，一叠叠文件摆在那里，好像一座山一样，永远也搬不完。第二天醒来又要重复前一天的工作，没完没了，看不到尽头。与同事的关系一潭死水，晋升遥遥无期。他觉得前途渺茫，上班看到的不是希望，是绝望。周末朋友叫他出去玩，他也毫无兴趣，只愿躲在家里睡觉和上网。其实，小李也知道，自己这么年轻，真不甘心就开始进入养老状态，但小李实在不知道自己该怎样从低迷的状态中走出来。

机关工作有些无奈

1974年，美国精神分析学家弗洛登伯格（Freudenberger）发现在助人行业中，有许多工作者因为工作本身过多的感情要求以及自身对工作的过度投入而导致出现身心耗竭的状态，并首次将此命名为"职业倦怠"。之后，众多学者分别从不同的角度对此种现象予以界定。

职业倦怠是指"在以人为服务对象的职业领域中，个体的一种情感耗竭、人格解体和个人成就感降低的症状"。情感耗竭指由于人际工作的要求导致个体的情感资源过度消耗，疲乏不堪，精力丧失；人格解体有时也称为去个体化，是指个体对待服务对象采用负性的、冷淡的、过度疏远的态度，倾向于以对待无生命物体的方式对待自己的工作对象；成就感降低指的是个体对自己进行负性评价的趋向。

随着科技的发展，经济的全球一体化以及工作本质所发生的根本意义上的变化，工作场所中的职业倦怠问题日益凸现，"职业倦怠已经成为追求美好工作生活的严重障碍"。

小李已经表现出了明显的职业倦怠症状：

1、情感衰竭：没有活力，没有工作热情，感到自己处于极度疲劳的状态。

2、去人格化：刻意在自身和工作对象间保持距离，对工作对象和环境采取冷漠、忽视的态度，对工作敷衍了事，个人发展停滞，行为怪癖，提出调度申请等。

3、无力感或低个人成就感：消极地评价自己，并伴有工作能力体验和成就体验的下降，认为工作不但不能发挥自身才能，而且是枯燥无味的繁琐事物。

为什么他曾经喜欢的工作现在变得如此令人厌倦呢？

倦怠并不神秘

职业倦怠不是病，而是我们工作中常见的一种现象。这与我们所处的工作环境——官僚习气、机关作风，人际关系——人际疏远、冷漠、冲突，个人对自己的认知，以及工作报酬都有关系。有些事是我们无力改变的，我们能做的是：改变我们能改变的，接受不能改变的。

我们刚走出象牙塔时，满怀雄心壮志，立志通过自己的努力证实自己的能力，甚至幻想着可以改变世界。但从事工作以后，才发现自己的影响力原来那么小。对于整个单位我们只是一个普通的小员工，对于整个世界更是沧海一粟，有很多我们无法控制和无力改变的事情，当初的棱角也渐渐磨平，工作也不再那么有激情，我们慢慢地开始变得焦虑、气愤、狂怒、压抑、冷漠、无助、悲观、沮丧，我们开始对工作不再兴致勃勃时，就会产生职业倦怠。职业倦怠是个体不能顺利应对工作压力时的一种极端反应，是个体伴随于长时期压力体验下而产生的情感、态度和行为的衰竭状态。职业倦怠不是说来就来的，而是由我们在日常工作中的挫折、焦虑、沮丧日积月累而成的。

我们也都曾如小李那样，入职时对工作充满了希望和热情，干起工作来仿佛有源源不断的精力，愿意奉献自己所有的能量。但也正如婚姻中的"七年之痒"一样，年复一年，原来的理想和热忱无影无踪，当开始出现挫折和困难时，我们开始怀疑自己的能力，工作变得无趣而懈怠。从热情到懈怠，职业的倦怠是一个过程，有人将职业倦怠称为"四年之痒"。

蜜月期——"与工作的亲密接触"

我们刚刚大学毕业,踏入社会,充满了对工作的热情和自信,工作、同事、单位,一切看起来都很美好。我们作为单位的"新人",感觉有使不完的精力和热情,相信自己可以应对一切挑战,相信这份工作可以带给自己最大的满足。我们愿意承担别人都不愿意干的活儿,甚至以此为荣,因为这体现了我们的价值和能力。

怀疑期——"这是我要的工作吗"

当日子一天一天过去,最初带来满足感的工作渐渐褪色、趋于平淡,我们逐渐从对工作的想象中走出来,看一看并不完美的工作、同事和单位。我们开始怀疑:这真是我想要的生活吗?我真的适合做这份工作吗?可能我们会更加努力地工作,带着刚走出校园的理想,期待有一天梦想成真,但现实往往让我们失望。

倦怠期——"工作让我如此疲惫"

三四年后,我们对工作已经陷入麻木的边缘,每天早晨起床的时候总会感到疲乏,因为一想到还有一整天的工作要做,就感到身累心也累。工作不再是实现梦想的桥梁而只是养家糊口的任务,生活平淡得没有一丝涟漪。

恢复期——"从工作中看到色彩"

人都有心理弹性,因此我们从职业倦怠中复原也是有可能的,但这需要时间,也需要方法。

给工作赋予意义

正常情况下,我们在日常生活中要接受各种不同的刺激,这本身对维持大脑的功能是有益的。但对于一些从事简单、重复工作的人来说,大脑就不能得到很好的锻炼。另外,相对封闭的生活环境和相对单调的生活步调,对大脑认知功能也是有损害的。即使每天坚持工作、学习,由于工作、学习的内容差不多,过程也一样,大脑得到的刺激依然有限。

工作、兴趣、娱乐单一化的人大脑不能得到更多的挑战,例如看电视——不管看的什么节目,只是一个被动的接受过程,所以很多人说看电视的时候可以"不动脑子",的确,因为我们不需要让大脑去思考、选择,大脑得不到挑战,只要被动吸收就好,这对大脑构不成有效的刺激和锻炼。在工作中如果我们只是被动、机械地完成一些任务,不能让大脑去思考和选择更多、更好地完成任务的方法,我们的认知功能也会下降。认知功能下降,通常第一个表现就是社交能力的下降,逐渐丧失通过对方的表情、姿势、语言来判断对方想法、正确做出应答的能力,人际关系变得越来越冷漠。如果我们长时间依赖于电子设备办公、娱乐,就有可能使我们的社交能力下降。这是因为,电脑、网络的确能给我们的大脑越来越多样的刺激，但仍然是以视觉和听觉为主，配合简单的操作给予一些触觉刺激，这与人外出时接受的刺激信息量是无法比较的。如果我们参加一个现实的聚会，我们要注意现场的气氛和音乐，闻到鲜花和食物的香味，注意每个人的表情，适当地倾听和诉说，更重要的是，我们要做出合适的反应，如表情、语言、身体姿势等。通过网络聊天获得信息量和刺激的方式还是不足以和现实相比。

刺激的缺乏可能会导致一些意想不到的问题。社交能力下降，会让人际关系越来越冷漠；人际关系冷漠，会让我们产生压抑、沮丧、愤怒等情绪；当我们体会到这些负面的情绪后会对工作态度也越来越冷漠，因为我们会认为"我的这些情绪都是由工作引起的，如果能换一个工作我就会好了。"

在第二次世界大战期间，存在主义心理学家弗兰克尔和他的家人包括他的新婚妻子一起被纳粹逮捕关进集中营。他尝尽了各种苦难，先后辗转四个集中营，被迫与家人分开。他的父亲不久就因为饥饿死于波希米亚，他的母亲和兄弟在1944年被纳粹残酷地杀害，而他朝思暮想的妻子则于纳粹投降前死于一个名叫伯根·拜尔森的地方。

有一次，一个德国军官把他带到一个小房间训话。纳粹剥光了他的衣服，拷打他，侮辱他。经历了失去亲人、失去家园、失去尊严痛苦的他，在此时却豁然开朗——"人所拥有的任何东西，都可以剥夺，唯独人性最后的自由——也就是在任何境遇中选择自己态度和生活方式的自由——不能剥夺"。弗兰克尔确信，人在任何情境下，对自己的行动都是自觉选择的，即使在集中营这样恐怖的情境下，也应当如此。于是他强迫自己不再想那些倒霉的事，而是刻意幻想自己是在前去演讲的路上，他来到一间宽敞明亮的教室中，精神饱满地在发表演讲，他的脸上也慢慢浮现出了笑容。

这是久违的笑容，这让弗兰克尔知道，他不会死在集中营里，他或许能出去。当从集中营里被释放出来时，弗兰克尔的精神特别好，他的朋友不相信，一个人竟然可以在魔窟里保持这样的心态。

本来是难以逃脱精神失常甚至死亡的厄运，弗兰克尔却用想象和笑容战胜了这种命运。弗兰克尔是自我超脱者，他指出，自我超脱者的心理特征主要包括这样的内容：他们可以自由地选择自己的行动方向；他们缔造了适合自己的有意义的生活；他们有意识地控制自己的生活；他们能够表现出创造、体验和态度的价值，因而能够时刻面带笑容，拥有良好心境。

著名作家史铁生在小说《命若琴弦》中讲述了一个故事，说的是一个盲人整天为自己看不到光明而到处求医，后来医生教他学弹琴，告诉他等弹断1000根琴弦时，眼睛便自然好了。盲人高兴地学起了弹琴，于是他的生活每天都在琴声中愉快地度过，生活越来越充实。等他弹断了1000根琴弦时，眼睛并未复明，可盲人已不再烦恼，感到自己的人生更加快乐了。

有些人的确是在做着自己不喜欢的工作，那该怎么办？我们很难去改变外界的环境,但我们可以从中找到新的意义。外界环境的改变——换了一个新部门,升了职——只能带给我们一时的快乐,过一段时间这种快乐就会慢慢消失。只有为我们的行为赋予新的意义,并不断向目标努力,才能获得真正快乐的人生。上面的盲人虽然眼睛没有复明,但他找到了人生新的意义和目标——在弹琴中获得快乐,不再为眼盲而烦恼。

所以,我们应当给现在的工作重新赋予意义,而不再仅当做一个养家糊口的方式,应付上级的差事。"我的工作可以直接或间接地帮助很多人,让他们受益;我通过我的努力能让我的家人生活得更好;在工作空闲之余我可以看书、进修,丰富我的知识……"投身于工作让自己忙起来,用有意义的活动去占领自己的头脑,把不快乐的情绪挤出去。

当然,乐观心态的形成并非一朝一夕,它需要我们与消极的思维、行为、语言和生活方式进行长期的斗争,需要我们不断地在挫折与考验中学习。

寻求支持系统

Hobfoll于2004年提出资源保存理论(conservation of resource theory,COR)模型,从资源的损失和收益角度解释压力及耗竭过程。他认为个体努力获得、保留和维持所珍惜的资源,这些资源包括时间、金钱、社会支持、工作自主性和回报、心理幸福感、乐观、自尊、心理凝聚感等社会、工作和个体条件，当工作要求出现或增加，而资源损失或者资源投入和回报失衡时，个体会感觉资源被威胁或者缺乏，无法良好地适应，导致资源损失，最终耗竭。

拥有良好的支持系统，是我们抗击职业倦怠的有效良方。一个人的力量永远是有限的，这些支持系统使我们能快速地修复心灵。良好的支持系统具有缓冲的效果，使我们时刻感觉被关怀，有归属感，相信自己被人所爱、被人尊重，是个有价值的人。安全而紧密的支持系统使我们的生活充实而丰富，产生深刻的幸福感。

一个良好的支持系统包括父母、伴侣、兄弟姐妹、长辈、同学、朋友、同事等。在单位跟同事搞好关系是非常必要的。上班族大部分时间都跟同事在一起，良好的人际关系能让我们在轻松、愉快、舒心的环境中工作，减少工作压力。与同事的良好人际关系，有助于减缓职业倦怠。

在人际交往过程中首先要接纳别人、喜欢别人。"爱人者，人恒爱之；敬人者，人恒敬之。"任何人都不会无缘无故地接纳我们、喜欢我们。人际交往中的喜欢与厌恶、接近与疏远都是相互的。我们和喜欢的人接近，他们才喜欢与我们接近，我们疏远的人，他们也会疏远我们。如果要使别人从内心深处接纳我们，就必须保证别人在与我们相处时能够在一个平等、自由的气氛中与我们交往。

每天主动和同事打招呼，休息的时候和他们聊聊天，看看他们有什么需要帮忙的事情，更多地与人接触，与人建立有意义的联系，远离冷冰冰的电脑，能让我们体会到真正的情感流动，减少冷漠和麻木的情绪。

机关老吴所在的科室是由老、中、青三代7位同事组成的，虽然有年龄跨度，但大家相处得非常融洽。每月固定一次AA制聚餐，每个周末大家一起去打羽毛球，平时在单位同事间有说有笑，在工作上相互帮助。不仅工作效率高，而且心情愉快。老吴觉得上班对于他来说是一件非常愉快的事，每天高高兴兴地上班，回家后和妻子分享同事们带来的趣闻和一天的经历。

人生中有很多的风浪，当我们在危难、挫折或失意的时候，那些曾经帮助过我们，给过我们爱和恩典的人就是我们生命中的天使。当我们在事业上身心疲惫，需要稍作调整继续迎接新挑战的时候，可以想一想曾经给予我们帮助的天使，他们能够让我们重新获得力量。

（1）生命中的天使。在我们成长过程中，曾经起过巨大的影响和给予我们重大帮助的人。家人、兄弟姐妹、老师、朋友或者是萍水相逢的路人。想一想他们的名字。

（2）回想他们给予我们帮助的事。

（3）和他人分享。和别人一起分享这些往事。分享可以让我们重新感受到爱，增加生命的强度。

增加自我控制感

当我们拥有控制力时，我们便是更快乐和更有成就的人，可以减少对职业的倦怠。有研究表明，当让人们处在压力情境中时，如果他们相信自己对这一应激事件能够有所控制，那么压力情境的负面影响就会减少。例如，在拥挤的电梯里有人愿意站在靠近控制板的地方，在那儿，他们会觉得电梯不那么挤，也不感到焦虑，他们以为自己能控制这种环境。

如果一个人在自己的工作生活中丧失了对自己负责的能力，往往会引起他的不快，并危害他的身体状况，而提高人的控制力量就会有截然相反的结果。

心理学家兰格和罗丁1976年通过增进一组疗养院中的老人对自己负责的能力和选择权来直接验证上述理论观点。他们预测，如果给予病人以控制感，将明显提高他们的心理警惕性、活动水平、生活满意度以及其他可测量的行为和态度。

兰格和罗丁与一个疗养院进行合作。随机挑选两层楼，让住在这两层的老人分别接受两种实验处理。四楼的老人(8男,39女)接受了"责任感提升"的训练，二楼的老人则作为对照组(9男,35女)。

管理人员是一名33岁的男性，他性格外向、友好，每天都要与老人们打交道。他给那两层楼的老人开了个会，告诉他们一些有关疗养院的新信息。他把两条信息分别传递给了这些老人，表示疗养院会把他们的生活安排得尽可能舒适而令人满意,还说明了他们能够享受的几种服务。但两组被试得到的信息是有重要差别的。

"责任感提升"组(四楼的老人)得到的信息是,他们有照顾自己的责任,并有权决定如何安排自己的时间。他的具体说明是这样的:"你们可以自己决定房间的设施布置——无论你们是希望它就像现在这样,还是希望工作人员帮你们再重新布置一下……你们有责任让我们知道你们的意见,告诉我们你们想做什么样的改变,告诉我们你们所希望的事情。另外,我想利用这个机会送给你们每人一个由疗养院准备的礼物(工作人员拿着装满小植物的盒子来到老人面前。所有老人要作两个决定:第一,他们是否想要植物;第二,选择一种自己喜欢的植物。结果,所有的老人都给自己选了一种植物)。这些植物是你们的了,请你们照顾好自己的植物。最后还有一件事我想通知你们,那就是下周四、周五的晚上我们将各放映一场电影。如果你们想看的话,请在两天之中选择一天。"

对控制组(二楼的老人)说,疗养院多么希望使他们的生活更充实、更有趣,他的说明如下:"我们希望你们的房间能尽可能地舒适,并且我们也已尽力为你们作了这样的安排。我们希望你们在这儿能感到高兴,我们的责任就是给你们创造一个幸福的家,让你们能为它而感到自豪,我们将尽全部的努力在各个方面帮助你们。另外,我想利用这个机会送给你们每人一个由疗养院准备的礼物(护士拿着装小植物的盒子走了一圈,发给每位老人一棵植物)。这些植物就是你们的了，护士会每天替你们给植物浇水照顾它们。最后还有一件事我要通知你们，那就是下周四、周五的晚上我们将各放映一场电影。稍后将会通知你们安排哪一天去看。"

3天之后，这名管理人员到每位老人的房间里又去了一次并重复了同样的信息。

不难看出，这两种信息之间存在着重要的差异：实验组的被试（四楼的老人）在生活中有进行选择的机会，用多种方法调节自己的生活；而对于控制组的被试（二楼的老人）而言，虽然其他因素与实验组基本相同，但他们收到的信息是，将由疗养院来代他们做出大部分决策。这一实验过程持续了3个星期。

在这项研究中，研究者是为了了解不同的责任状态是否会产生不同的结果。他们运用两份问卷进行了两次测试，一次是在管理员召开会议前的一周，另一次是在召开会议的3周以后。其中一份问卷由老人们填写，主要内容涉及对自己控制力的评估及在疗养院生活的快乐程度和活动水平；另一份问卷由各层楼的护士（她们并不清楚研究者在进行实验）填写，问卷要求她们用10点量表评估老人们在快乐、机敏、依赖、社交、活力等方面的水平，并记录下他们的饮食和睡眠习惯。

两份问卷的调查结果显示，两组被试的差异是非常明显的，即选择的机会和个人的控制力能产生积极的作用。责任感提升的那组被试报告说他们觉得自己比对照组的被试更快乐，更富有活力，而且访谈者对他们机敏程度的评定也高于对照组的评定，事实上，"实验组中几乎全部被试（一人除外）的状况都得到了提高，而对照组却只有6名被试的状况向积极方面变化"。四楼的老人与别人的接触增多，与各类工作人员长时间地交谈。同时，责任感提升组的被试几乎很少从事一些被动性的活动，如仅在一旁观看工作人员的工作。

我们的人生是否能够丰富多彩，个人的力量和控制力是一个非常关键的因素。人拥有的控制力越多，就越快乐、越健康、越平稳。我们这里说的控制力不是指控制别人的权力，而是指贯穿于个人生活及工作中体现出来的力量。

在工作、生活中有许多事情是我们无法控制的，自己的岗位、领导的决策、工作的任务，的确有很多无奈，但我们可以掌控自己，做自己的主人。我们不能选择工作的内容，但可以选择工作的方式。比尔·盖茨曾经说过这样的话："每一天，都要尽心尽力地工作，每一件小事情，都力争高效地完成。尝试着超越自己，努力做一些分外的事情，不是为了看到老板的笑脸，而是为了自身的不断进步。热爱工作和企业的习惯一旦养成，会让你成为一个值得尊重和信赖的人，领导永远会看重这种人并委以重任，这种人的字典里永远都不会存在'失业'。"当我们把工作当成自己的事业后，我们会带着长远的眼光，明白每一件小事对于自己的工作都是十分有意义的，每一点付出都会促进自己的成长和事业的发展，真正对自己负责。

我们不能选择工作的职位，但可以选择生活兴趣，在工作之余从事自己喜欢的活动，能让我们对自己有更多的自主感和控制感；

我们不能选择工作任务,但可以挖掘工作中的资源帮助我们高效地完成任务;我们不能控制领导,但可以在选择最有效的工作方式上获得足够的权威。自主、快乐地工作是应对职业倦怠的良方。

适当放松与休闲

职业倦怠和现代人过于忙碌有密切关系,要学会休闲,适当放松。

八小时之内我们得努力工作,八小时之外,可以为自己想想。培养兴趣和爱好,释放自己的压力和紧张,显得尤其重要。

如今,"休闲"已成为我们每个人生活实践中的重要内容。从发展规律的角度看,社会文明程度越高,休闲的内涵就越丰富。

休闲的价值不言而喻,没有闲,人的自然成长都有问题。中国的文化传统是强调休闲的,《道德经》中有一句话:"多闻数穷,不若守中。"意思是说,人的心灵要保持清净,而不要旁骛太多,没了章法和智慧。因为,人一忙就容易乱,头脑不清醒;人一忙也容易烦,心情不能平和;人一忙就容易肤浅,不能研究问题,不能冷静认真思考;人一忙就容易只顾眼前,不能高瞻远瞩。

还有两句诗写"忙"的:"浮世忙忙蚁子群,莫嗔头上雪纷纷。"大雪纷纷,是关系蚂蚁生存的大事。可是"蚁子群"忙得看不见这些,还在地上觅食或者打群架。诗人为它们担心,可是蚁群还不知不觉,忙得没有主见,忙得没有远见,只能平庸下去。

休闲显然不是一种无意义的游戏人生,而是人的一种高层次的生存需要和精神需要。以休闲的方式追求人生的最高境界，在有限的个体生命当中灌注无限的生命意义，既是人的社会本性的表现特征，也是建构人生终极关怀的有效途径所在。在人的心理文化结构和人生的实践当中，追求"和谐"之道的休闲，乃是其中不可或缺的一个重要部分。车尔尼雪夫斯基在《生活与美学》一书里曾打了一个比方，他说人的生活之路往往撒满了金币，可是生活在世俗社会的人们却常常发现不了，其原因就是世俗的人们一心想着目的地，想着实际的利益，而没有关注所走的每一步道路。而在忙忙碌碌的人生当中，即使有人发现了路上的金币，也不能够弯下腰来将它们拾起，因为"生活的马车，制止不住地载着我们向前奔驰——我们对现实的态度就是如此，但是当我们到了驿站，寂寞地踱来踱去等待马匹的时候，我们就会注意观看那也许根本不值得注意的每一块洋铁牌……"

的确，在忙忙碌碌的人生当中，人们容易为了实际目的而忽视了生命的本质，忽视了人生的意义。然而，人生辩证法的精髓却往往在于：过分地追求有限的实际目的而忽视生命的终极价值，则常常是缘木求鱼，舍本求末，而以与对象世界保持和谐一致的方式，摆脱物欲的羁绊，世事的纷扰，超越世俗，超越生死，提升生活的品质，对人生进行审美观照，追求诗意的人生，则能够在"不忧不惧"的人生境界当中，以"乐以忘忧"的休闲方式，进入人生的最高境界——审美境界、诗意境界，实现人的全面发展。

结束语

职业倦怠发生在我们身上也许并不是一件坏事,它能让我们重新审视自己,审视自己的事业。不断调整事业风帆的方向,重新朝着目标前进。

你改变不了过去,但可以改变现在;

你不能预知明天,但可以把握今天;

你改变不了环境,但可以改变自己;

你不能选择容貌,但可以展现笑容;

你不能事事顺利,但可以事事尽心;

你不能延伸生命的长度,但可以决定生命的宽度。

心灵链接

职业倦怠自测

以下所有问题的答案没有对错之分,请按你的真实情况作答。

1. 你是否感觉工作负担过重常常感到难以承受,或者喘不过气来?

  a. 经常 b. 有时候会 c. 从来不会

2. 你是否感觉缺乏工作自主性,往往是上司让做什么就做什么?

  a. 经常 b. 有时候会 c. 从来不会

3. 你是否认为自己待遇微薄，付出没有得到应有的回报？

  a. 经常 b. 有时候会 c. 从来不会

4. 你有没有觉得待遇不公，常常有受委屈的感觉？

  a. 经常 b. 有时候会 c. 从来不会

5. 你是否在工作上常常发生与上司不和的情况？

  a. 经常 b. 有时候会 c. 从来不会

6. 你是否觉得自己和同事相处得不好，有各种各样的隔阂？

  a. 经常 b. 有时候会 c. 从来不会

7. 你是否经常在工作时感到困倦，做什么都无精打采？

  a. 经常 b. 有时候会 c. 从来不会

8. 你是否以前都很上进，而现在却一心梦想着去度假？

  a. 经常 b. 有时候会 c. 从来不会

9. 你在工作上碰到麻烦时是否会急躁、易怒，甚至情绪失控？

  a. 经常 b. 有时候会 c. 从来不会

10. 你是否对工作餐没有食欲，嘴巴发苦，对美食也失去兴趣？

  a. 经常 b. 有时候会 c. 从来不会

11. 你是否对别人的指责无能为力、无动于衷或者消极抵抗？

  a. 经常 b. 有时候会 c. 从来不会

12. 你是否觉得自己的工作不断重复而且单调乏味？

  a. 经常 b. 有时候会 c. 从来不会

答完之后，请按照选 a 得 5 分，选 b 得 3 分，选 c 得 1 分，给

出每题得分,然后把各小题得分相加,对照如下结果:

12~20分,很幸运,你还没有出现工作枯竭的症状,目前工作状态不错。

21~40分,警惕!你已经开始出现了职业倦怠的前期症状,请尽决调整。

41~60分,危险!你已经严重工作枯竭,处于崩溃的边缘,对目前的工作几乎已经失去兴趣和信心,工作状态很不佳,长此以往极不利于个人的身心健康和职业发展,应尽快改变现状。

第七课　爱拼才会赢

——工作态度

做最好的自己就是要保持良好积极的工作态度。

——李开复

机关故事

小王，毕业于某名牌大学中文系，凭实力通过某知名单位的层层选拔，获得了一份令他人艳羡的工作，已在单位工作一年。

小王寒窗苦读十几年，辛辛苦苦终于捧回金饭碗，却发现目前的工作似乎没有什么挑战，觉得自己的才能被埋没了。一时之间小王迷茫无助，突然丧失了奋斗的方向，丧失了进入社会之前的积极和热情。于是，小王沉迷于网络游戏，流连于各种小团体聚会，仿佛只有在游戏的战场上，在和旧友"指点江山，激昂文字"酒桌上，才能实现自己的宏图大志。

结果，面对上级交代的文案任务，小王总是拖到最后一刻才马虎完成，匆忙交稿，漏洞百出；需要外出处理公务时，小王又不愿放下架子向单位的前辈请教，不懂装懂，莽撞行事，连连犯错；当团队都在加班工作时，小王的视线却在不同的网页间转换，只有在领导视察时才埋头假装工作，掩人耳目，自欺欺人。领导多次找小王谈话，小王却认为不是自己的原因，反而言辞激烈地抨击单位的规章制度扼杀了人的积极性，抱怨同事和领导的无能。但实际上，小王对他发现的"问题"却从不积极主动地寻找解决方案，只是陷在被动、消极、充满抱怨的情绪中，日复一日地做着他不满意、同事不满意、领导也不满意的工作。

看重工作

　　工作对我们来说到底意味着什么？有人说工作是人到成年以后必然的经历，我们只要随波逐流就行；有人说，为了生活、为了家庭，不得不工作来养家糊口；当然更多人认为，通过在工作中不断学习，积极进取，进而实现自己的人生目标和事业追求，满足心理学家马斯洛所说的自我价值实现的需要，才是我们工作的真正意义。不同的工作态度决定我们什么样的工作状态和行为方式，也将决定我们所取得的成就。充满激情和梦想是年轻人的特点，刚刚毕业的年轻人很少只把工作当成生活的工具，他们工作肯定不仅仅是为了糊口，案例中的小王能够通过层层选拔得到这个职位也必然是充满梦想、渴望成功的有志青年，但是如何持久保证工作激情，成就成功人生呢？

　　是不是捧上了金饭碗就意味着自己成功了？现阶段很多年轻人

为了找工作可以说费尽心思，都要过五关斩六将，经过层层筛选，面对各种苛刻的问题和挑战，好一点的单位和职位就更是可想而知了。然而很多像小王这样的年轻人在岗位竞争中成功了，顺利地开始了职业旅程。可他的工作表现却让我们无法想象这就是用人部门层层选拔出来的"有激情、有梦想、有能力、乐于挑战"的优秀人才，我们看到的更像是一个竞争的胜利者在终点享受胜利的喜悦，他懈怠了自己前进的脚步，忘记了一个新的起点才刚刚开始。

　　工作和学习是两种完全不同的状态，需要有一个适应的过程，学生时代的理想和目标在走向工作岗位的同时，也需要有新的思考和必要的调整，毕竟理想和现实之间总是有距离的，学生时代纯粹的纸上谈兵需要现实的校正，这样才能增加现实意义和成功的概率。小王的职业理想是什么呢？似乎看不到，看不到他想要什么，看不到他对自己的规划，当然就更看不到他的努力和进步了，看到的只是应付差事、敷衍了事、无所事事，没有了目标自然没有了努力和奋斗的动力，茫然、消极、懈怠自然成为了附属品，出现小王这样的境况也就不奇怪了。

　　据统计一个人所从事的行业和所学专业一致的比例并不高，这就意味着大学毕业后我们所做的工作可能是自己并不熟悉的，我们想做好手头这份工作还有很多需要学习的东西，比如专业知识、管理技巧、人际适应等等，也不再是只和书本学，还需要和社会学、和前辈学。同时，在工作中还要培养兴趣和感情，无论任何行业，如果我们对它没有感情、没有兴趣，我们就很难有所作为。也许小王觉得自己是名牌大学的高材生做些文案工作屈才了，以为没有施展才能的机会了，可是，正如古语所云"一屋不扫安能扫天下"，小事做不好的人，如何相信他可以成就大事呢！把自己当人才就要拿出人才的实力和成绩，只有把眼前的事情做好了，我们才能有更多的机会，我们才可能获得更好的职位，否则十年后仍然是碌碌无为和满腹牢骚，整日英雄无用武之地地怨天尤人。

总之，要以积极向上的工作态度投入工作，我们不是为别人工作，而是为自己工作，要珍惜每一个学习的机会，打好基础，目的是为了以后生活得更好，取得更大的成就。珍惜目前的工作机会，也是我们积累工作经验和人际关系的好机会，对将来的发展是非常有益的，能为我们将来找更好的工作积累筹码，所以我们必须认认真真做好目前的工作，多多吸取精华，做一个积极进取、勇于拼搏的人！

态度就是竞争力

每个人都有不同的工作轨迹，有的人成为机关里的核心成员，受到领导的器重；有的人一直碌碌无为；有些人牢骚满腹，总认为自己与众不同，而到头来仍一无是处……众所周知，除了少数天才，大多数人的禀赋相差无几。那么，是什么在造就我们、改变我们？是"态度"！态度是内心的一种潜在意志，是个人的能力、意愿、想法、感情、价值观等，在工作中所体现出来的外在表现。

在机关之中，我们可以看到形形色色的人。每个人都有自己的工作态度。有的得过且过；有的牢骚满腹；有的积极进取。工作态度决定工作成绩。我们不能保证自己具有了某种态度就一定能成功，但是成功的人们都有着一些相同的态度。

机关中普遍存在着三种人。

第一种人A：得过且过。

"那么拼命干什么？大家不都拿同样一份薪水吗？"

持有这种态度的人从来都是按时上下班，从不行差踏错；职责之外的事情一概不理，分外之事更不会主动去做。不求有功，但求无过，得过且过。

他们遇到挫折，最擅长的就是自我安慰："反正晋升上去是少数人的事，大多数人还不是像我一样原地踏步，这样有什么不好？反正我也没付出那么多，也算公平。"

第二种人B：牢骚满腹。

这种人永远悲观失望，似乎总是在抱怨他人与环境；认为自己所有的不如意，都是由于环境造成的，小王就有成为这类人的潜质。

他常常自我设限，让自己本身无限的潜能无法发挥。他其实也是一个有着优秀潜质的人，然而，却整天生活在负面情绪当中，完全享受不到工作的种种乐趣，于是消极懈怠地对待工作，总是牢骚满腹，这种消极情绪会不知不觉传染给其他人。

第三种人C：积极进取。

在机关部门经常可以看到他们忙碌的身影，他们热情地和同事们打着招呼，精神抖擞，积极乐观。

他们总是积极地寻求解决问题的办法，即使是在项目遇到挫折的情况下也是如此。因此，他总能让希望之火重新点燃。

同事们都喜欢和他们接触，他们虽然整天忙忙碌碌，但却始终生活在正面情绪当中，时刻享受工作的乐趣。

一年后，A仍然做着她的秘书工作，上司对她的评价始终不好不坏。一年一度的大学生应聘潮又开始了，上司开始关注起相关的简历来，也许，新鲜的血液很快就会补充进来。

在办公室里人们已经很久没有见到B了，去年办公室裁员，主任首先就想到了他。B却除了发牢骚，还是发牢骚。第一轮裁员刚刚开始，B就接到了解聘信……

而C还是那么积极进取，忙碌的身影依然随处可见，他已经从机关办公室搬走，这一年，他被提升为业务处长，新的挑战才刚刚开始。

在机关，公务员与公务员之间在竞争智慧和能力的同时，也在竞争态度。一个人的态度直接决定了他的行为，决定了他对待工作是尽心尽力还是敷衍了事，是安于现状还是积极进取。态度越积极，决心越大，对工作投入的心血也越多，从工作中所获得的回报也就相应地越多。

以上三类人，一个面临失业的危险，一个已经被解聘，一个得到晋升。这并不是说得到晋升的比被解聘的在智力上更优越，能力上更强，而是不同的工作态度导致的。尤其是在一些技术含量不高的职位上，大多数人都可以胜任，能为自己的工作表现增加砝码的也就只有积极的工作态度了。这时，态度也是我们区别于其他人，适应新的环境和创造机会的关键，也是使自己变得重要的一种能力。

那些慵懒怠惰的人、那些态度上不具备竞争力的人只注重事物的表象，无法看透事物的本质。他们只相信运气、机缘、天命之类的东西。看到他人工作出色，他们就说："那是天分。"看到人家屡次加薪，他们就说："那是幸运！"发现有人为老板所重用，他们就说："那是机缘。"把别人的努力和成绩归因于外界因素，而忽视别人的努力和积极的工作态度，对待自己却恰恰相反。

事实上，不管我们所工作的机关部门有多庞大，甚至也不管它是多么差劲，每个人在这个机关部门中，都能有所作为。某些上司可能对员工的工作设置障碍，或对员工的出色表现视而不见，或者不能充分赏识和鼓励；也有一些上司愿意对员工进行培训，为员工创造机会，并给予鼓励。但不管外界环境的利弊，都是对自己的磨砺，任何环境下都会有出色的人才诞生，而且越是艰难的环境往往越能造就卓越的人才，当然，卓越的工作表现，需要积极的态度。

一开始，我们会觉得坚持这种态度很不容易，但最终会发现这种态度就是能力的一部分，也会成为我们个人自身价值的一部分。当体验到他人的肯定给我们的工作和生活所带来的帮助时，我们就会乐于一如既往地秉持这种态度做事，并且可以不断从中获得快乐和自我价值实现的满足感。

态度决定成功

在生活中打倒我们的不是挫折，而是我们面对挫折时所抱的态度，我们需要训练自己在每一次挫折中都能发现与挫折等值的积极一面。在绝望中摆脱烦恼，在痛苦中抓住欢乐，在压力下改变态度，在失败中找到希望。态度决定成败，无论情况好坏，都要抱着积极的态度，莫让沮丧取代热情。生命可以价值极高，也可以一无是处，关键看我们怎么选择。成就大小，往往不会超出我们信心的大小，"心有多大，舞台就有多大"。不热烈地、坚强地追求成功、期待成功，而能取得成功的，绝无仅有。要分清人的愿望、欲望以及强烈欲望与要达到目标之间的差别。强烈的欲望会给人以驱动力，只有积极的态度才能供给产生驱动力所需的燃料。人的价值是由自己决定的。

为了事业的成功和生活的幸福，必须建立一种积极的态度。每天给自己一个希望，每天将拥有好的心情。态度就是我们真正的主人，不要让态度使我们成为一个失败者。成功是那些抱有积极态度的人所取得，并由那些以积极的态度努力不懈的人所保持的。我们的成功、健康、幸福、财富全靠我们如何应用看不见的法宝——积极的态度。

　　要想改变外部世界就得改变自己，改变自己的最好方法是拥有积极的态度。它能使我们转败为胜，将弱点转化为力量。确定了一定的目标时，另外几种成功原则就会自动产生作用，帮助我们实现这些目标。积极的态度有助于事业成功，积极的态度可以使我们保持好的心情，好心情是排除万难，取得成功的法宝，我们可以把我们的法宝从"消极态度"那面翻到"积极态度"那面，从而排除心理蛛网——消极的感情、情绪、倾向、偏见、信条、习惯，成为自己理想中的那种人。

　　金钱并不能买到健康，只有积极的态度才能促进心理健康和生理健康，才能有强大的不可抗拒的力量走向幸福与成功。在我们的内心发展积极态度以至于它能从我们的意识表层逐渐渗透到我们的潜意识深层，如果我们这样做了，我们将发现在我们需要时和情况紧急时，甚至在生命最危险的时刻，它将自动出现在我们的意识活动中。

态度决定人生

　　有什么样的态度，就有什么样的人生。做一名杰出的人需要具有七种人生态度：敬业、勤奋、忠诚、自制、进取、协作、热情。一个希望有所作为的人，也许能从这七个词中汲取到成功的力量。

　　在同样的部门，做着同样的工作，有些人多年以后，仍旧一成不变地做着同样的工作，甚至被炒了鱿鱼；有些人却不断地前进，在部门中的地位日益上升，成为机关部门不可或缺的人物。这其中的奥妙，用一句话概括就是：态度决定人生。

人生是一面镜子，我们用消极的态度对待，回报我们的，必然是消极的结果；相反，我们总是积极的对待一切，我们也必然收获积极的结果。原中国足球队主教练米卢常用"态度决定一切"来教导队员，结果它护送中国队历史性地晋级世界杯的决赛圈。对于我们每个人来说，态度是一个人的主观意识，他决定和指导我们的行为。有什么样的态度，就有什么样的行为；有什么样的行为，就有什么样的习惯；有什么样的习惯，就有什么样的性格；有什么样的性格，当然就有什么样的命运。这就是态度的影响，态度决定一切，一点都不为过。

认同工作，确立目标

做一行爱一行，自己才会愿意去为之努力和付出。如果连自己的工作都不认可，怎么会有动力去努力工作、取得成功呢？要认同一个工作，首先就要对工作性质和工作环境有所了解，并能够理解、接受和热爱它。按照我国公务员法的规定：公务员是指依法履行公职、纳入国家行政编制、由国家财政负担工资福利的工作人员。工作环境包括硬环境和软环境，硬环境的范围很广而且很直观地能看到，大到单位的办公楼分布，小到各个办公室的布置等；软环境只能去感受、去体会，它主要指单位的文化氛围、领导风格、人际关系等。

认同工作还能够昭示我们的发展方向和奋斗精神，增强力量感。"一滴水只有放进大海里才永远不会干涸，一个人只有当他把自己和集体事业融合在一起的时候才能最有力量。"无论是老员工还是工作不久的职场新人，只有充分认同工作，认识到工作的重要性，并且让自己充分地融入到工作中，为自己找到定位，才会领悟工作要领，把工作做好，才能尽快地实现自己的价值，这是在职场中走向成功的第一步。

认同工作的同时要为自己确立工作的目标，目标决定高度，有什么样的目标，就有什么样的人生。今天站在哪个位置并不重要，但下一步迈向哪儿却很关键。也许这并不是我们终生的事业，但是任何一个群体都有一个金字塔，大量的人处在金字塔的底部，只有一小部分人处在金字塔的顶部。绝大多数人之所以平庸一生，之所以只能在历史的舞台上扮演无足轻重的次要角色，包括那些懒惰闲散的人、好逸恶劳的人、平庸无奇的人，原因就是他们没有目标、缺乏内在的动力。每天都总结一下我们昨天都做了什么，计划一下今天又打算做什么。在总结昨天的同时，我们要弄清楚领导对昨天的工作是否满意，还存在哪些问题，审视一下自己的工作方法是否有不合适的地方，然后给自己今天的工作确定一个小的目标。

充分准备，游刃有余

明华是一名普普通通的公务员，从上班那天开始，他就时时刻刻提醒自己，工作来之不易，要为今后的职业发展打好基础。为了这个目标，他每天工作都十分勤奋，在结束了一天的工作之后，他总是要准备好各种第二天工作中所需要的资料。对此，同事们都说他："为什么要这么积极，明天的工作明天做就可以了，今天忙什么呀？再说，我们这么努力领导也不一定看见，又没有加班工资，何必让自己那么辛苦呢！太不值了。"面对同事们的这些说法，明华总是会一笑了之，从不辩解，然后继续为第二天的工作做准备。

就在明华上班半年之后的一天，领导突然来到办公室，对办公室主任说："我今天下午要去出差，我让你准备的资料在哪里，现在就给我。"

"您不是后天下午才去吗？"办公室主任说。

"本来是要后天下午去的，但临时有了变动，今天下午就得去，资料不是前几天就让你准备的吗，就不能提前准备吗？"领导面有不悦地说。

正在办公室主任无言以对的时候，明华从办公桌上找出前一天就准备好的资料，递给领导说："在主任的交待下，我已经准备好了，请您参考。"

"嗯，不错。"看到明华递过来的整齐的资料，领导微笑着拍了拍明华的肩膀说。

也许我们一直都在抱怨自己怎么没有遇上像某某那样的好机会，也许我们也像明华这样做好每一个准备，只是还没有这样的机遇落在我们的头上，无论怎样，如果我们能一直坚持"今天为明天做好准备"，那么机遇会更加偏爱落在我们的头上。

有人曾经写道："我们年轻聪明、壮志凌云。我们不想庸庸碌碌地了此一生，我们渴望名声、财富和权力。那个著名的苹果为什么不是掉在我们的头上？那只藏着'老子珠'的巨贝怎么就产在巴拉旺而不是在我们常去游泳的海湾？为什么拿破仑偏能碰上约瑟芬，而英俊高大的我却总没有人垂青？"

于是有位智人想成全这个人，先是照样给他掉下一个苹果，结果他把它吃了。智人决定换一个方法，在他闲逛时将硕大无比的卡里南钻石偷偷放在他的脚边，将他绊倒，可是他爬起后，怒气冲天地将它一脚踢下旁边的阴沟。最后智人干脆就让他做拿破仑，不过像拿破仑一样，先将他抓进监狱，撤掉将军官职，赶出军队，然后将身无分文的他抛到塞纳河边。就在智人催促约瑟芬驾着马车匆匆赶到河边时，远远地听到"扑通"一声，他投河自尽了。

他错过的仅仅是机会吗？

当然不是，他错过的是准备，机会从来只给有准备的人。在工作中我们需要准备的不仅仅是提前准备好领导布置的任务，还有更多日积月累的知识、人际关系、能力的准备。在工作中我们会随时发现自己的不足，弥补不足、提高自己的方法就是学习，在学习中取同事之长，补自己之短，努力做好每一件事情，这永远是提高自己的最佳途径。我们需要对自己进行分析，分析自己的优势和劣势各在哪里，自己的风险和机遇又都在哪里，这样就可以对自己有个准确的定位，并根据分析的结果去完善自己的知识体系。能够胜任当前的工作并不一定需要我们知识体系多么完善，但如果想要胜任更具挑战性的工作，则必须不断完善自我的知识体系。

时代永远是前进的，新技术、新方法、新理念会不断引入工作之中，只有在工作中不断积累、更新能力，才能不被工作所淘汰，才能提高自己，这是进步和超越的基础。

精益求精，不断完善

李亮是一个刚毕业的研究生，以优异的成绩和表现考上了公务员，他自认为专业能力很强。有一天，他的领导交给他一项任务，让他写一份策划方案。

由于是领导亲自交代的工作，李亮不敢怠慢，认认真真地准备了起来。一个星期后，他拿着自己精心设计的方案，走进了领导的办公室，恭恭敬敬地把方案放在领导的桌子上。可是，领导连看都没看一眼，只是说了一句话："这就是你能做出来的最好的方案吗？"李亮听了之后一怔，没敢立刻回答。领导轻轻地把方案推回给他。李亮什么话也没说，拿起方案转身走回自己的办公室。接下来的几天，他冥思苦想了很多问题，将修改后的方案又一次交给领导，谁知，领导还是那句话:"这就是你能做出的最好的方案吗?" 李亮心中开始忐忑不安,也不敢给领导肯定的答复。于是领导还是让他把方案拿回去修改。

就这样反复了四五次,在最后一次的时候,李亮终于信心百倍地对领导说:"是的,这是我能做出的最好的方案。"领导微笑着说:"好!就是这样了,你的这个方案通过了。"

有了这次的经历后,李亮明白了一个道理:工作只有持续不断地改进,才能够做好。

也许我们的工作能力都很强,也许我们对自己的成果总是满怀信心,可是我们有没有问过自己:"这是我能够做出的最好的方案吗?我的工作做得足够好了吗?"工作永远都有需要不断改进的地方,每个人的满意度不同,有些人觉得敷衍了事便可,这也叫完成了工作,还有些人抱着精益求精的态度,为工作付出了大量的时间和精力,这也是完成工作,两种不同的完成工作的方式所带来的结果也是不同的,敷衍了事的人往往碌碌无为,而精益求精的人会做得越来越好,因为他从每次的否定和再否定中不断调整和完善自己,这样的人必定会成为单位不可缺少的一员,领导不可缺少的左膀右臂。

积极敬业,放眼未来

黄杰在一个事业单位工作了两年,由于一直做内勤,没有机会接触到单位的核心业务,让他十分苦恼。有一次他又借酒消愁,对朋友发牢骚说:"我在单位里的工资是最低的,干活是最多的,地位是最差的,受气是最经常的,没有人给我机会,领导真是瞎了眼,根本看不到我的工作!我真不想干了!"

"你明白单位的核心业务是怎么回事吗?你懂得它的不同吗?你有创意的灵感吗?"朋友的发问让他无从回答。

"我不知道。"他只有实话实说。

"那我建议你还是先留下来,认认真真地工作,好好地学习,养成热爱工作的好习惯,把一切问题都搞懂了之后再说吧,让领导知道你是一个爱岗敬业的好员工。如果那时你不想干了,再一走了之也不迟啊,让领导觉得这是他的损失,而自己的业务能力也变强了。"

黄杰接受了朋友的建议,上班时工作认真负责,即使是送资料这样的小事都要核实几遍后再送往不同的部门。往日的懒散没有了,工作之余找来单位的各种学习资料刻苦钻研,发现问题就向同事虚心请教。

两年过去了,现在黄杰已经是单位的业务骨干了,领导对他刮目相看,委以重任,同事也对他尊敬和喜欢了。而他自己,再也不提跳槽的事情了。

案例中的小王不妨像黄杰一样,从自己的本职工作着手,心平气和地做好每一件事,通过不断地学习提升自己的专业技能,热爱自己的工作,并不断地付出努力,每天多做一点点,养成真正的敬业习惯,最终才能赢得他人的尊重,实现自己的价值。

敬业是一种职业生存方式，它充分体现了一个人的智慧。只有敬业的人才是真正的智者，他不为薪水而工作，而是为实现自己的人生价值而工作。根据马斯洛需求层次理论，现代社会大部分人都已经实现了生理和安全需求，很多人也满足了社交需求，可是，要满足尊重需求和自我实现需求，我们就需要把工作当做自己的事业来做，而不是仅仅把工作当成赚钱的工具。就像很多亿万富翁一样，他们也在为了实现自己的价值努力工作，满足自我实现的需求。聪明的人知道"今天你敬业，明天人敬你"，把工作视为自己的事业，把敬业视为事业成功的灵魂。

在我们的周围，也许总能听到一些人像以前的黄杰一样不断地抱怨工作环境差，工资待遇低，怀才不遇等等，并且把这些都归咎于没有碰到伯乐或者没有展示自己的机遇。这些人往往斤斤计较自己的得失，目光短浅，只注重眼前，没有发展性眼光。其实，敬业给单位带来收益的同时，最大的受益者最终还是我们自己。尽管最初它并不能为我们带来可观的收益，但可以肯定的是，只有那些具有敬业精神的人，才能在最关键的时候起到无法替代的作用，这是那些缺乏敬业精神的人永远无法企及的。

确实，所得和付出都是成正比的。尤其是当我们把工作当成自己的事业后，我们会带着长远的眼光，明白每一件小事对于自己的工作都是十分有意义的，每一点付出都会促进自己的成长和事业的发展。

保持激情，享受快乐

作家大仲马曾说过："乐观是一首激昂优美的进行曲，时刻鼓舞着你向事业的大路勇猛前进。"如果能够把工作和快乐结合起来，那你的工作就没有理由不出色。在一天24小时里面，我们有8小时都在工作，也就是说工作占据了我们人生的三分之一，而且是最精华的那部分，工作是否快乐，也就直接决定着我们的生活是否快乐。如果在这人生的三分之一中，我们能够感受快乐，那么我们的人生也就会更快乐一些，我们的生活也才能津津有味。快乐工作并不意味着我们无需付出劳动，无需承担压力，无需担当责任，事实上，只有在勤劳工作和努力付出之中，在挫折与失败之后，我们才能找到工作的乐趣，感受快乐。

有个人走在森林里，忽然后面出现了一群饿狼，追着他来要吃掉他。他拼命狂奔，眼看着饿狼就要追上他了，他忽然发现前面有个洞口，虽然不知洞口有多深，还是不顾一切地跳了下去。下落的过程中，发现下面并没有水，却有很多毒蛇，看见有人送上门来，毒蛇自然昂首吐舌，引项以待。他惊慌失措，胡乱伸手想去抓到点什么可以救命的东西，想不到竟天从人愿，给他抓到了一棵在井中间横伸出来的小树，把他稳在半空处。

这时候上有饿狼，下有毒蛇，那人身处进退两难的绝境，不过暂时还是安全的。他松了一口气。这时，一阵奇怪的异响传入他的耳内。他循声望去，吓得他魂飞魄散，原来有一群大老鼠正以尖利的牙齿咬着树根，这救命的树也快要撑不住了。

就在这僵持阶段，饥饿之中，他发现眼前树枝上还结着几颗桃，于是他忘记了饿狼，忘记了毒蛇，也忘掉了该死的老鼠，闭上眼睛，打开脾胃，全心全意去享受这几个酸涩的青桃。

几颗桃给了他宝贵的力量，终于支撑他等到了救援，森林里的猎人很快就出现了，他捡回了一条性命。事后他经常提到，那几颗桃是他这辈子吃到过的最好的美味。

生活并非一帆风顺，工作中也难免会出现不愉快和小挫折，甚至有可能我们也会像故事中的当事人一样处于进退两难的危险境地。如果这时失去了对工作的信念，失去了热爱工作的激情，失去了挖掘快乐的能力，那只能以失败告终。但只要我们善待工作，认真发掘每次的小成功，体会每次工作过程中的小小惊喜，让这些小成功和小惊喜来激励自己，激发对工作的热爱和激情，调动身体每一个细胞的能量，发挥出巨大潜力，相信我们的工作一定会拨开云雾见阳光，在逆境中创造出更加夺目的成绩。正如著名作家罗兰所说："成功的意义应该是发挥了自己的所长，尽了自己的努力之后，一定会感到无愧于心的收获之乐。"所以说，工作的快乐直接决定了我们生活的快乐，我们每个人都应该快乐地工作。

愿景虽好，始于行动

　　一切的一切都遥不可及——除非我们付诸行动。要想使宏伟的计划不会成为永远停留在纸上的蓝图，我们就要用行动把它变为现实。天下最可悲的一句话就是："我当时真应该那么做却没有那么做。"每天都能听见有人说"如果我当时就开始做那笔生意，早就发财了"，或者"我早就料到了，我好后悔当时没有做"，真可惜天下没有卖后悔药的。如果只是沉浸在不切实际的幻想中，梦想着天上掉馅儿饼，而不是脚踏实地付诸行动，那么幻想恐怕永远都只是幻想。正所谓一分耕耘，一分收获。天上掉馅儿饼的事情的确可能会有，但它不一定偏偏就掉在我们头上。要想获得成功，只有辛勤地耕耘、劳作。

　　一张地图，无论多么翔实，比例多么精确，它永远不可能带着主人周游列国；严明的法规条文，无论多么神圣，永远不可能防止罪恶的滋生；凝结智慧的宝典，无论如何睿智，永远不可能缔造财富，只有行动才能使地图、法规、宝典、梦想、计划、目标具有现实意义。

　　只要我们认同工作，积极敬业，保持激情，付出行动，我们便不会再像过去那样对工作心怀抱怨，而是拥有积极的态度对待工作，想办法解决一切困难，即使经过岁月的洗礼，我们也能始终保持这种激情燃烧的状态，而且逐渐将年轻的热情升华为成熟的智慧。

结束语

　　李开复说过，"做最好的自己就是要保持良好积极的工作态度"，

"今天工作不努力，明天努力找工作"。把工作当成事业来做，这已成为很多人对自己工作角色的共识。无论一个人担任何种职务，做什么样的工作，他都负有相应的责任，这是社会法则。如果我们把工作作为一种谋生手段，我们就不会去重视他、热爱他，免不了还会发发牢骚，产生多做多错、少做少错、不做不错的心态，被动应付，易受外界环境的影响；而当我们把工作作为拓宽自身阅历，成就自己的事业的途径时，我们就有了目标，多了一份责任，能正确对待所从事的职业，用敬业的态度来做好工作，从工作中得到宝贵的经验和资源，如失败的沮丧、自我成长的喜悦、温馨的工作伙伴、值得感谢的竞争对手等等，这样，工作带给我们的是快乐，是经验和智慧的积累，是自我价值的实现，工作时，就会觉得很轻松愉快，充满激情甚至迸发出创造力。用积极的态度对待自己、对待生活、对待工作，相信——爱拼才会赢！

心灵链接

你是个乐观的人吗？

你是个乐观主义者，还是一个悲观主义者，你透过亮丽或灰暗的镜子来看待人生吗？

请一一回答以下问题。

1. 如果半夜里听到有人敲门，你会以为那是坏消息，或有麻烦发生了吗？

2. 你随身带着针线或一条绳子，以防万一衣服或别的东西裂开了吗？

3. 你跟人打过赌吗？

4. 你曾梦想过买了中奖彩票或继承了一大笔遗产吗？

5. 出门的时候，你经常带着一把伞吗？

6. 你把收入的大部分用来买保险吗？

7. 度假时，你曾经没预定旅馆就出门了吗？

8. 你觉得大部分的人都很诚实吗？

9. 度假时，把家门钥匙托朋友或邻居保管，你会将贵重物品事先锁起来吗？

10. 对于新的计划，你总是非常热衷吗？

11. 当朋友表示一定奉还是，你会答应借钱给他们吗？

12. 大家计划去野餐或烤肉时，如果下雨，你仍会照原定计划准备吗？

13. 在一般情况下，你信任别人吗？

14. 如果有重要的约会，你会提早出门，以防堵车或别的状况发生吗？

15. 如果医生叫你做一次身体检查，你会怀疑自己可能有病吗？

16. 每天早晨起床时，你会期待又是美好一天的开始吗？

17. 收到意外的来函或包裹时，你会特别开心吗？

18. 你会随心所欲地花钱，等花完以后再发愁吗？

19. 上飞机之前,你会买旅行保险吗?

20. 你对未来的十二个月充满希望吗?

计分方法

得分

题号	是	否
1	0	1
2	0	1
3	1	0
4	1	0
5	0	1
6	0	1
7	1	0
8	1	0
9	0	1
10	1	0
11	1	0
12	0	1
13	1	0
14	0	1
15	0	1
16	0	0
17	1	0
18	1	0

| 19 | 0 | 1 |
| 20 | 1 | 0 |

说 明

总分 0—7 分，说明你是个标准的悲观者，看人生总是看到不好的那一面。身为悲观者，唯一的好处是，由于你从来不往好处想，所以你很少失望过。

然而，以悲观的态度面对人生，却有太多的不利；你随时会担心失败，因此宁愿不去尝试新的事物，尤其当遇到困难时，你的悲观会让你觉得人生更灰暗、更无法接受。悲观会使人产生沮丧、困惑、恐惧、气愤和挫折的心理。

解决这种状况的唯一办法，是以积极的态度来面对每一件事或每一个人，即使你偶尔仍会感到失望，但逐渐地，你会对人生增加信心，胜过原来消极态度带给你的影响。

总分 8—14 分，说明你对人生的态度比较正常。不过，你仍然可以更进一步，只要你学会怎样以积极和乐观的态度来应付人生中无法避免的起伏情况。

总分 15—20 分，说明你是个标准的乐观主义者。你看人生总是看到好的一面，将失望和困难摆到旁边去。乐观，使人活得更有劲，不过，要记住，有时候过分乐观，也会造成你对事情掉以轻心，结果反而误事。

第八课　阳光总在风雨后

——挫折应对

即使跌倒一百次，也要一百零一次地站起来。

——张海迪

机关故事

志强一直到了大学毕业，都是一帆风顺，中学是三好学生、学习标兵，大学是学生会主席，组织工作更是出色。公务员考试也很顺利，毕业后来到机关工作，意气勃发的他，自然地展望着有机会在机关大展身手，也可以很快进入小领导的角色，他给自己设定了要在6年内晋升到处长的目标。同学有的笑他痴人说梦，也有人劝他要脚踏实地从科员好好干起，但他坚信凭借自己的先天素质和组织才能，一定可以实现自己设定的目标。

没想到，刚开始工作就遭遇了挫折，领导安排他写一个报告，在大学写报告就是学生会主席的工作，但基本都是分给手下去写，这次自己得亲自去写，必须亲力亲为，终于交稿给领导，然而领导非常不满意，并严厉地批评了他。志强很是委屈，但他没有气馁，认为自己以后可以做得更好。可状况并没有改变，上班不到几个月就常常被领导批评,不是报告写得不合格,就是办事不干脆,做事不踏实。接二连三的打击让他备感挫折,想到自己在大学时组织学生工作游刃有余,现在连一个报告都写不好,一件小事都做不成,如何能实现自己的目标?随后一段时间里,志强的工作积极性不高,精神萎靡不振。领导发现他情绪不对,找他谈话鼓励他,让有经验的老同志帮助他,慢慢地他找到了状态,恢复了自信,工作走上正轨。

几年后凭着自己的努力,志强终于等到了晋升的机会。在科长晋升评选中他笔试成绩优异,综合业务能力也排前几名,和几位竞争者进入了最后一轮面试,但最终,获胜者却是别人。这一次和刚入职受挫时的抑郁沮丧不同,他感到非常愤怒,认为评选暗箱操作,结果不公正,甚至跑到上级领导的办公室大吵大闹。当他慢慢平静下来,回想自己这些年来的人生经历,认为自己自从上了班后就非常倒霉,虽然很努力表现,但就是事事不顺,自己当初立下的目标已经是不可能实现的了,对未来的路该如何走,他既迷茫又有些不甘心。

伤心挫折总是难免的

人生好比一段漫长的旅程,有欢笑,也有悲伤;有快乐,也少不了挫折,挫折是我们在追求某种目标的活动中,遇到的干扰或障碍,遭受的损失或失败。在我们的生命过程里,就是因为交织着成败经验带来的情绪感受,才使得生命的内涵更加丰富。正如奥斯特洛夫斯基所说："人的生命似洪水在奔腾，不遇着岛屿和暗礁，难以激起美丽的浪花。"挫折带来的人生经验，有时是我们反省与成长的机会，更创造了下一次成功的契机。挫折是生命的一种馈赠，巴尔扎克说："挫折就像一块石头，对弱者来说是绊脚石，使你停步不前，对强者来说却是垫脚石，它会让你站得更高。"面对挫折，自强者终会知道这是人生路上必须搬开的绊脚石，他们积极寻求克服和战胜挫折的有效途径，更能从中体验到战胜困难、超越自我、向着人生目标奋斗的快乐。如果我们在挫折面前是勇敢进攻，那么人生就会是另一个缤纷多彩的世界。

但事实上，能以正面积极迎向每次挫折的人，毕竟远少于因为挫折而产生负面情绪的人。尤其在这个强调竞争的社会中，人与人之间的相互关系越来越复杂，人们拥有多种多样的动机和目标，增加了我们遭受挫折的概率。面对挫折，不同人有不同的处理方式，有的人在挫折面前勇敢进攻，最终获得成功；有的人却萎靡不振，怨天尤人，甚至自暴自弃，面对挫折不同态度的差异来自于哪里呢？

适应挫折，人各不同

西方医学奠基人，古希腊著名医生希波克拉底（Hippcrates 约前 460—前 377 年），认为人的肌体是由血液、黏液、黄胆和黑胆这四种体液组成的。这四种体液在人体内的混和比例是不同的，从而使人具有不同的气质，而气质是指个人行为全部动力特点的总和，因此不同的气质使得人们的行为方式也有所不同。他将人分为四种气质类型：胆汁质、多血质、黏液质和抑郁质。

随着心理学的发展，心理学家不断发展和完善希波克拉底的"体液说"，并揭示了高级神经活动的规律性和神经过程的基本特征，对气质类型作出了更科学的解释。

胆汁质——精力旺盛、热情豪爽、脾气暴躁。这种气质最突出的特点是具有很高的兴奋性，因而在行为上表现出不均衡性。他们脾气暴躁，好挑衅，态度直率，活动精力旺盛。能够以极大的热情投身于事业，埋头于工作，能够克服在达到既定目标道路上的重重困难。但是，一旦精力消耗殆尽，他们往往就对自己的能力失去信心，情绪低落。

多血质——灵活敏捷、善于交际、不专注、无耐心。这种气质突出的特点是热忱且有显著的工作效率。他们对自己的事业有着浓厚的兴趣，并能保持相当的时间。他们有很高的灵活性，容易适应变化了的生活条件，善于交际，在新的环境里不感到拘束。他们精神愉快，朝气蓬勃，但是一旦事业不顺利，或需要付出艰苦努力时，其热情就会大减。

黏液质——有条不紊、认认真真、缺乏激情。他们安静、沉默寡言，态度持重，交际适度，善于克制自己，情感不易外露，很少产生激情；能严格地遵守既定的生活规律和工作制度，对自己的行为有较大的自制力。但反应比较缓慢，情绪稳定但难于转移，不够灵活。因为情感和行为动作迟缓、稳定，遇到不愉快的事也能不动声色，自身能够调节和抑制不良的情绪。

抑郁质——非常敏感、多疑多虑。他们的突出特点是具有高度的易感性，因而最容易受到挫折。他们比较孤僻，在困难面前优柔寡断，在面临危险形势时会感到极度的恐惧。他们常常为微不足道的缘由而动感情。在受到逆境后，自怜、悲伤、抑郁、焦虑等否定情绪笼罩了他们的整个心灵。自我体验极深刻，有的甚至因承受不了逆境而自伤、自残、自杀。

不同气质类型的人，对待同一个挫折情境其态度和处理方法迥然不同。前苏联心理学家巧妙设计了"看戏迟到"的特定问题情境，对四种典型气质类型的人进行观察研究，看他们是怎样对待看戏迟到被拒绝入场这件小小挫折事件的。结果发现，四种基本气质类型的观众，在面临同一情境时有截然不同的行为表现。

胆汁质的人与剧场保安争执起来，企图走到自己的座位上去（按规定迟到者应在幕间入场，以免影响别人）。他理直气壮地分辨说，戏院的时钟走快了，他不会影响别人，打算推开门径直跑进去。

多血质的人立刻明白，人家是不可能会让他到座位上去的，但他可以找个便当的办法溜进去。

黏液质的人看到保安不让入场，就想"反正第一场不会太精彩，我先去小卖部转转，等到幕间再进去"。

抑郁质的人说："我老是不走运，偶尔来看一次戏，竟如此倒霉。"

于是返回家唉声叹气去了。

对于挫折的回应,从抑郁质到胆汁质,人们对挫折的承受能力是依次递增。胆汁质与多血质都属于外倾型气质,心理活动倾向于外部,遇到挫折时,往往会直接采取行动,情感体验并没有内倾特别是抑郁质的人那么深刻,虽然对挫折的行为反应表现得比较强烈、明显,但挫折感受体验少。黏液质和抑郁质则属于内倾型气质,心理活动倾向于内部,情感不易外露,善于克制自己。特别抑郁质的人,情感体验深刻,具有较高的感受性,多愁善感。他们对于挫折的行为反应虽不像胆汁质与多血质表现得那么强烈、明显,遇到挫折时往往沉默不语,但他们的内心感受往往比外倾型的人更深刻,挫折感体验更强。

在现实生活中,并不是每个人的气质都能归入某一气质类型。除少数人具有某种气质类型的典型特征之外,大多数人都偏于中间型或混合型,也就是说,他们较多地具有某一类型的特点,同时又具有其他气质类型的一些特点。气质本身没有好坏之分,也不能决定一个人的社会价值和贡献大小,对于前苏联四大文豪,普希金是典型的胆汁质特征,赫尔岑是典型的多血质特征,克雷诺夫有着明显的黏液质特征,而果戈理又有着抑郁质特征,但他们在文学上都取得了非凡的成就。我们了解自己的气质类型,知道自己以前惯用的行为模式,今后在日常工作生活中,就可以扬长避短,发挥自己的优势,面对挫折用更加积极有建设性的方式应对。胆汁质的人要培养自制性，以柔克刚；多血质的人要发展稳定性，刚柔相济；黏液质的人要建立主动性，热情积极；抑郁质的人要增强耐受性，遇到挫折寻求外界的帮助，接受别人的关心和鼓励。

增强心理弹性

挫折是一种主观感受，因为同样的挫折情景对不同的人会引起不同的挫折感受。除了先天个人气质原因外，一个人如何处理和适应挫折，与其心理弹性有密切的关系。心理弹性（又称韧性，抗逆力，resilience）的概念，是指个体面对内外压力困境和挫折时，激发内在潜在认知、能力或心理特质，运用内外资源自己修补调适的过程，以获取朝向正向目标的能力、历程或结果。美国心理学会定义心理弹性是指个人面对生活逆境、创伤、悲剧、威胁及其他生活重大压力的良好反应。心理弹性最早受到物理学中弹性力学的启发，该理论认为，"材料或物体有一种随外力作用而发生变形并随外力作用去除变形消失的特性"，此即为"弹性"。顾名思义，心理弹性强的人，就是能够适应压力，善于灵活并且成功应对挫折的人。

如何提升心理弹性，以便灵活应对挫折？心理弹性其实也受很多因素影响，心理学家将影响因素分为危险性因素和保护性因素两类。心理弹性的危险性因素，是指阻碍个体正常发展，使个体更易受到伤害而得不到良性发展结果的种种因素。个体低自尊、低自我效能、消极情绪、亚健康状态、习得性无助、缺乏控制感、焦虑、缺乏社会支持、上下属关系缺乏信任、缺少晋升机会等都是危险因素。然而危险性因素仅仅是增加了适应不良的可能性，并不绝对预示着消极的适应结果。心理弹性的保护性因素，是指那些能够促使个体更好地应对生活压力事件，减少消极发展结果出现的可能性的个人的或环境的因素，如个体提高自尊、具有问题解决技巧、乐观、自信、良好的人际关系、团队工作等都是保护因素。个体出于自我保护和生存的需要，在环境发生变化时，都具有动态调控和即时适应的基本反应能力，这是一种生物遗传决定的"自我调节机制"。心理弹性似乎正是人类机体中存在着的一种自我保护的本能，它会在逆境中自然地展现出来，推动着人们克服生命威胁、去追求自我实现、去维持心理和谐。人对挫折的承受能力和适应能力，也像其他心理品质一样，是可以经过学习或锻炼而获得的。我们每个人身上都有这种弹性，通过挖掘自身优点，发展自己良好的个性，改变认知和及时寻求社会支持等方式增加保护性因素，减少危险性因素可以增强我们的心理弹性。

而在组织管理中，管理者可以利用亨德森和米斯汀（Henderson、Milstein）在1996年提出的"心理弹性六策略训练计划"来提高员工的心理弹性。这六个策略分别为：（1）为组员提供参与有意义活动的机会（如勇于提问、共同制定进程表）；（2）建立并保持对组员的高期望（能出色地完成任务）；（3）创造一个相互关爱和支持的组织氛围（如建立信任，以员工为中心）；（4）增强每个人的亲社会倾向（如视领导为朋友，在同事之间建立伙伴关系）；（5）为组员制定清楚而一致的行为规范（如理解行为后果，遵守规则）；（6）为他们传授工作技能、生活技能和社会适应技能（如形成良好的沟通能力和问题解决能力）等等。

确立合理认知

美国心理学家艾里斯(A.Ellis)认为，挫折是否引起人的情绪恶化，不在于挫折本身，而在于对挫折不合理的认识。人既是理性的，又是非理性。人对挫折不适当的反应来源于自身不合逻辑或不合理性的思考。

任何事物都有两面性，对于挫折即可以看成是人生前进道路上的阻碍，但如果能转变视角，认为它是激励我们前进的动力，改变现状的机会，赋予挫折积极的含义，能让我们更快乐地处理困境。试着微笑着面对挫折和失败，不要抱怨生活给予你太多的磨难，哀叹命运不公，怨天尤人。大海如果失去巨浪的翻滚，就会失去壮观的气势；沙漠如果失去飞沙的狂舞，就会失去它的内涵。心胸敞开，让宽容和豁达回归，活出一种力量，相信会得到生活的眷顾和宠爱。

日本有一位企业老总，每天坚持写一篇"光明日记"，里面记录的全是快乐的事情。他把每个月末召开的工作例会取名为"快乐例会"，要求各部门经理用3分钟时间向大家汇报一下本月最快乐的事情，引得全场上下哈哈大笑，这位老总就是日本最大的零售集团"八百伴"公司总裁和田一夫。前两年，有消息说"八百伴"在一夜之间跌入低谷，当时和田一夫已是72岁的老人了。但"八百伴"的倒闭并没有压垮和田一夫心中的信念和快乐。他和几个年轻人合作，开办了一家网络咨询公司。面对新的行业，他充满自信，脸上始终绽放着微笑。他快乐、热情和积极的人生态度，终于感动了顾客，没有多久，他就把生意做得红红火火，做出了人生的又一片"艳阳天"。有记者问和田一夫，为什么他能在如此短的时间内东山再起？和田一夫答道："因为失败了，我也能笑出来！"无论在什么情况下，哪怕是受到致命的打击，只要能像和田一夫那样，坚持"笑"下去，快乐地"笑"下去，用笑脸来迎接悲惨的厄运，伟大的心胸应该表现出这样的气概，用百倍的勇气来应付一切的不幸，生命中的阳光，终会催开人生成功的花朵。

　　生活中我们经常会遇到挫折，但遇到挫折也并不可怕。我们可以改变三分钟以后所发生的事情的后果，但不能改变三分钟之前所发生的事情。 既然事情已经发生成为过去，何必再沉浸在痛苦的深渊里？如果我们每一个人都能笑对人生，将发生在你我他之间的所有不快就象蛛丝一样轻轻抹去；如果我们每一个人都能笑对现实，将发生在天地间的所有怅惘与失意坦荡视之；如果我们每一个人都能笑对自己，将发生在成长中的所有失败与忧伤精心珍藏；如果我们每一个人都能笑对未来，将发生在追求理想过程中的所有打击与悲痛悄然释怀——那么，我坚信我们的生活会永远充满阳光。

恰当抱负水平

抱负水平（又称志向水平，level of aspiration）这一概念最初是由霍佩（Hoppe C, 1930）年提出的，指主体对任务的期望和目标。霍佩指出，主体的抱负水平在一项任务中并不是固定不变的，它会随工作的成功而提高，随工作的失败而下降。后来，弗兰克（Frank J.D.）进一步将它定义为人们在进行熟知自己过去成绩的课题时想象将来达到的水平。他指出：抱负水平和过去成绩水平之间的关系依赖于"保持高抱负水平的需要、使抱负水平尽可能接近成就水平的需要、避免失败的需要"这三大需要的相对强度。弗兰克认为一般来说，个体所设定的目标高于对自己能力的评估，低于自己意欲达到的最好成就。勒温（Kurt Lewin）1944年提出了积极目标差异这一概念。他认为个体的抱负水平一般比他近期的成就高一些。抱负水平被典型定义为："个体明确的知道他在过去承担任务中所达到的成绩水平，并确定自己在未来相似任务中的成绩水平。"

抱负水平对成就有显著的直接影响，低抱负水平是一种禁锢，对我们的行为和思想起不到应有的激励作用，是我们获得成功的障碍；高抱负水平有时候能有助于我们获得各种成功。但若抱负水平过高，对自我估计过高，抱负水平超出了个人的实际能力，就会出现目空一切，自不量力，追求一些根本无法实现的目的，当不能到达这些目标时，就必然体会到挫折感。规定的标准越高，目标越不容易达到，越容易产生或加强挫折感。例如两个学生参加考试，甲的目标是要考90分以上，乙的目标则只要求及格，结果两人的成绩均为80分，乙会感到欣喜，而甲则会认为是失败而感受到挫折。因此适当的抱负水平，通过我们在努力后可以达到，更有助于体验到成功感，促进人格发展。

个人的抱负水平是后天形成的，它与我们每个人的自信水平有关。例如一个总认为自己在社交场合不会说话、笨嘴拙舌，缺少自信的人，他会尽量避免在与多人交往时多说话，但他看到别人谈笑风生、说话大方得体时，又感到自己不能像别人那样交流，故内心痛苦，备感挫折，因为在他内心一直有一个标准，希望自己与人说话时能挥洒自如，充满魅力，甚至成为社交里聚焦的明星，只有自己达到了那个标准时，他才是成功的，否则他就是失败的。为了克服在社交场合体会到的挫折感，他又会给自己制定更高的标准，在这种标准中体会那种超越自己和别人的优越感，但这只是自卑的补偿策略，它对改善实际情况并没有好处，因为这个标准遥不可及，必然会让他不断体会到挫折感。

较高的抱负水平，反而会容易体会到挫折感，就像志强大学毕业给自己制定了6年当处长的目标，在执行的过程中受到小小的阻碍，他就对自己产生了怀疑，开始悲观失望。只有适中的抱负水平才有利于实现目标，而增强自信和调节抱负水平，才能帮助我们正确地面对现实，减少挫折感。

挫折可以让我们沉沦，情绪低落，自我贬低，然而也可以使我们猛醒和奋起。关键在于受到挫折时，能否从失败中吸取经验教训，能否发现自己的优势和长处，从而振作精神，重振旗鼓。增强自信，客观的评价自己才能制定合理的抱负水平。

（1）发现自己的优点。努力去发掘自己的优点，逐点用笔记录下来。可分类记录，如个人专长；已做过什么有益或建设性的事；过去什么人称赞过自己；受过的教育；家人、朋友对自己的关怀等等。找出自己的优点越多，自信心就越强。

（2）肯定自己的能力。每天找出三件自己做的成功的事，不要把成功看成登上月球、发明炸药那么大的事。成功可以是顺利买到了合身的衣服，在图书馆借到满意的书，完成一篇报告，在足球场上进了一个得意的球，在家给家人做一盘可口的饭菜，今天上班我第一个到等等。日常生活、工作都可以有成功与失败之分。一日至少顺利完成了三件事，又怎能责备自己一事无成呢？

（3）培养自己某方面的兴趣。在自己的兴趣中，找一样来培养、发展，使之成为专长。专长不必难度太大，可以简单到剪发、游泳、做菜或点心、织毛衣、唱歌、跳舞等，有了专长，就有机会做主角，自然神采飞扬。

我们永远无法到达我们生命的最高目标——一个人已经抵达了一个完全没有任何困难的境界。我们可以想象到，在那里每件事都能预先被设定好，明天不会带来意料之外的机会，对未来，我们也没有什么可以寄望。英国心理学家布朗（J·Brown）曾说过："一个人如果没有任何阻碍,即将永远保持其满足和平庸的状态,既愚蠢又糊涂,象母牛一样的逸然自得"。事实上,我们生活的乐趣主要来自于对未来的不确定性,一切都在变化和可以发展出各种可能性。

积极应对

我们在受到挫折时,往往会采取两种不同的态度。一种是采取消极防范的行为、非理智的表现。另一种是对挫折采取积极进取的态度、理智的态度。

面对挫折时我们常常有以下几种消极应对的行为表现:

(1) 攻击

个体受到挫折后,引起愤怒的情绪,对构成挫折的人或物进行直接攻击,也可能表现为转向攻击,把愤怒的情绪发泄到其他人或物上,即迁怒于人或物。 志强晋升失败跑到领导办公室大吵大闹就是一种攻击行为。这种消极的应对方式对解决问题毫无益处。

(2) 倒退

当一个人受挫折时,会表现出一种与自然的年龄、身份很不相称的幼稚行为。倒退的另一种表现是受暗示性,受暗示性最经常的表现是人们在遭受到挫折之后会盲目地相信别人,盲从执行某个人的指示。

(3) 固执

固执通常是指被迫重复某种无效的动作,尽管重复进行某种动作并无任何结果,但仍要继续这种动作。

(4) 妥协

个体在受到挫折时会产生心理或情绪的紧张状态,这种紧张状态如果长期存在,就会引起各种疾病,因此需要采取妥协性的措施来减轻紧张状态。

妥协性的措施一般包括以下几种:

①合理化。我们在受到挫折后会想出各种各样理由原谅自己,或者为自己的失败辩解,这就是所谓的合理化。就如鲁迅所说的"阿Q精神"。

②冷漠。当一个人受到挫折之后,用意志力量压抑住愤怒、焦虑的情绪反应,表现无动于衷,这就是冷漠。这种做法虽然可以减轻焦虑,获得暂时的安静,但并不能根本解决问题。同时,情绪长期受到压抑,对人的身心健康会带来很大危害。

③逃避。逃避是指个人不敢面对挫折,消极地避开挫折情境。在这种情况下,个体可能逃向另一现实;或逃向幻想世界;或逃向生理疾病。

积极的应对方式是对挫折的理智性对抗行为,它是在理智的指导下采取的形式。面对挫折时我们应有的理智的态度行为和表现是:

(1) 升华:一个人在遇到挫折后,将自己不被社会所认可的动机或需要转变为符合社会要求的动机或需要,或遇挫后将低层次的行为引导到至有利于社会和自身的较高层次的行为,这就是升华。

升华的功效常常一方面转移或实现了原有的情感,达到了心理平衡,同时又创造了积极的价值,利已利人。"化悲痛为力量",就是一种心理上的升华作用。志强之前想晋升是为了满足自己对权力的追求,但经过这次挫折后,他想通了,作为公务员要做的是为人民群众谋福祉,不论在什么职位上,都可以做到这一点。当把个人的目标上升到有利于社会的目标时,这次挫折对他来说就不算什么了。

(2)增强努力:当发现目标难以达到,就要求自己做出加倍努力、鼓起勇气实现目标。志强要总结这次晋升失败的原因,找到努力的方向。在工作中要积极主动,敢于承担,做事多思考;在为人处事上,要善待领导同事;在业务能力上,要不断学习提高。

(3)改变策略:当发现目标无法实现,降低目标或者重新选择达到目标的方法。

(4)补偿作用:目标受阻,暂时放弃,以另一方面的成功来加以补偿,所谓"失之东隅,收之桑榆"。志强在晋升中受到阻碍,可以利用空余时间学习充电,参加研究生进修班、学习英语等;结合本职工作在专业期刊上发表文章,进行学术研究;锻炼身体,在单位运动会上取得佳绩,不论哪种都是对以前自己的一个超越。

(5)积极认同:指一个人在遇挫而痛苦时效仿他人获得成功的经验和办法,使自己的思想、信仰、目标和言行更适应环境的要求,从而在主观上增强自己获得成功的信念。志强可以把一些历史名人、学术权威、英雄楷模、单位中先进工作者、优秀领导干部作为自己的认同对象,从他们的人生经历中吸取营养和动力,从而奋发进取。

狐狸吃葡萄的启发

有一个古老的故事。在一位农夫的果园里,紫红色的葡萄挂满了枝头,令人垂涎欲滴,当然,这种美味也逃不过安营扎寨在附近的狐狸们,它们早就想享受一下了。

第一只狐狸来到了葡萄架下,它发现葡萄架要远远高于它的身高。它站在下面想了想,不愿就此放弃,机会难得啊!想了一会儿,它发现了葡萄架旁边的梯子,回想农夫曾经用过它。因此,它也学着农夫的样子爬上去,顺利地摘到了葡萄。

这只狐狸采用的就是问题解决方式,通过模仿,学习崇拜者的思想、言行来克服困难,达到目标。

第二只狐狸来到了葡萄架下,同样是够不到葡萄。它心想,听别的狐狸说,柠檬的味道似乎和葡萄差不多,既然我吃不到葡萄,何不尝一尝柠檬呢,总不能在一棵树上吊死吧!因此,它心满意足地离开去寻找柠檬了。

这只狐狸采用了"替代"的方式改变目标,确定的目标受到条件的限制而无法达到时,用一种自己可以达到的方式来代替自己不能满足的愿望。

第三只狐狸来到了葡萄架下，它看到自己的能力与高高的葡萄架之间的差距，认识到以现在的水平和能力想吃到葡萄是不可能的了，因此它决定利用时间给自己充下电，报了一个研究生课程进修班，学习采摘葡萄的技术，最后当然是如愿以偿了。

这只狐狸采用的是问题指向应对策略，将问题升华，通过学习的方式克服挫折。

第四只狐狸来到了葡萄架下，这是一只漂亮的狐狸小姐。它想我一个弱女子无论如何也够不到葡萄了，我何不利用别人的力量呢？因此，它找了一个男朋友，这只狐狸先生借助梯子给了狐狸小姐最好的礼物。

这在心理学上称为"补偿原则"，即利用自己另一方面的优势或是别人的优势来弥补自己的不足，这种方式在一些情境下也不失为一种好方法。

第五只狐狸来到了葡萄架下，它心想，我自己吃不到葡萄，别的狐狸来了也吃不到葡萄，为什么我们不学习猴子捞月的合作精神呢？前有猴子捞月，现有狐狸摘葡萄，说不定也会传为千古佳话呢！于是它动员所有想吃葡萄的狐狸合作，搭成狐狸梯，这样大家都吃到了甜甜的葡萄。

这只狐狸采取的是问题取向的应对方式，它懂得合作的道理，最终的结果是既利于自己，又利于大家。

人际交往与社会支持

人际关系是对挫折有效的缓冲器。建立良好的人际关系需要注意遵循下列原则：一是相互性原则，即任何个体都不会无缘无故地接纳他人。喜欢是有前提的，相互性就是重要的前提，我们喜欢那些也喜欢我们的人，心理学中有个"黄金规则"，即"像你希望别人如何对待你那样去对待别人"；二是交换性原则，即个体期待人际交往对自己是有价值的，在交往过程中的得大于或等于失，至少是得别太少于失；三是自我价值保护原则，自我价值是个体对自身价值的意识与评价，自我价值保护是一种自我支持倾向的心理活动，其目的是防止自我价值受到贬低和否定，由于自我价值是通过他人的评价而确立的，个体对他人评价极其敏感，对肯定自我价值的人，个体对其认同和接纳，并反过来予以肯定与支持，而对否定自我价值的他人予以疏远；四是平等原则，即人们交往趋向于社会角色和地位相近的人。所以，在人际交往中，只要对人真诚、友爱、宽容，就可获得良好的人际关系，减少心理挫折。

社会支持的作用不可忽视。社会支持系统的作用有两种：一是给我们直接的支持，在物质上给予帮助，增加应对挫折的物质条件；二是给我们精神支持，在遭遇挫折时及时给予关爱、开导，这样能增强我们应对挫折的信心，稳定情绪；三是引导我们成为社会支持的积极参与者，而不是被动的社会支持接纳者。

遇到挫折时请求帮助，这在有些人看来，似乎是很丢脸面的事。实际上，大胆地请求帮助，在遇到挫折和难以自我解决问题之时，学会倾诉和寻求帮助，这并非软弱和无能，而是意志坚强的表现。人在失败时，常常最没有主张。"当局者迷，旁观者清"。亲人、朋友、领导、师长对挫折原因的分析，往往比较能够对症下药，为你找到走出困境、跨进成功大门的途径。正如人们常说，"一个痛苦两人分担，痛苦就减轻了一半"。当一个人感到有可以信赖的人在关心、爱护和尊重自己时，就会减轻挫折反应的强度，增强心理弹性。

在遭遇挫折时，我们常常会被自己各种不良的情绪蒙蔽了双眼，从而自怨自怜，如同陷入万丈深渊，不可自拔。但挫折对人的影响并不都是负面的。经历挫折，可以使人从失败中吸取经验教训，磨练意志，增加克服困难的勇气，提高解决问题、适应环境的能力，俗话说"吃一堑长一智"、"失败是成功之母"。低心理弹性的人却可能因此产生心理上的痛苦，情绪不稳，行为失态，甚至导致生理心理疾病。可见挫折犹如一把双刃剑，可以为我们所用，也可以伤害我们，关键要看我们怎么用它了。如果在失败中看到其中孕育着胜利的可能，就能够像胜利者那样信心十足，继续努力，事情就会发生变化。有一句谚语说："如果你拒绝了失败，实际上你就拒绝了成功。"所以，不应该把挫折看成是一种打击，而要把它当成是一次考验、一个磨砺的机会。谁能够冷静地看待挫折，谁就能够勇敢地接受挫折的考验而得到最后的成功。

心理学家把轻度的挫折比作"精神补品"，因为每战胜一次挫折，都强化了自身的力量，为下一次应付挫折提供了"精神力量"。

时代的强者张海迪

张海迪5岁的时候，胸部以下完全失去了知觉，生活不能自理。医生们一致认为，像这种高位截瘫病人，一般很难活过27岁。在死神的威胁下，张海迪意识到自己的生命也许不会长久了，她为没有更多的时间学习和工作而难过，也因此更加珍惜自己的分分秒秒，用勤奋的学习和工作去延长生命。她在日记中写道："我不能碌碌无为地活着，活着就要学习，就要多为群众做些事情。既然是颗流星，就要把光留给人间，把一切奉献给人民。"1970年，她随带领知识青年下乡的父母到莘县尚楼大队插队落户，看到当地群众缺医少药带来的痛苦，便萌生了学习医术解除群众病痛的念头。她用自己的零用钱买来了医学书籍、体温表、听诊器、人体模型和药物，努力研读了许多医学书籍。为了熟悉针灸穴位，她在自己身上画上了红红蓝蓝的点儿，在自己的身上练针体会针感。功夫不负有心人，她终于掌握了一定的医术，能够治疗一些常见病和多发病，在十几年中，为群众治病达1万多人次。认准了目标，不管面前横隔着多少艰难险阻，都要跨越过去，到达成功的彼岸，这便是张海迪的性格。有一次，一位老同志拿来一瓶进口药，请她帮助翻译文字说明，看着这位同志失望地走了，张海迪便决心学习英语，掌握更多的知识。从此，她的墙上、桌上、灯上、镜子上，乃至手上、胳膊上都写上了英语单词，还给自己规定每天晚上不记10个单词就不睡觉。家里来了客人，只要会点英语的，都成了她的老师。经过七八个年头的努力，她不仅能够阅读英文版的报刊和文学作品，还翻译了英国长篇小说《海边诊所》，当她把这部书的译稿交给某出版社的总编时，这位年过半百的老同志感动得流下了热泪，并热情地为该书写了序言：《路，在一个瘫痪姑娘的脚下延伸》。

在残酷的命运挑战面前，张海迪没有沮丧和沉沦，她以顽强的毅力和恒心与疾病作斗争，经受了种种严峻的考验。她虽然没有机会走进校门，却发愤学习，学完了小学、中学全部课程，自学了大学英语、日语、德语和世界语，还当过无线电修理工。后来还攻读了大学本科和硕士研究生的课程。

今天，张海迪总在说：人就得有勇气与生活中的不幸抗争。人的一生总会有坎坷，就看你以怎样的心态去对待——张海迪的座右铭，她将自己的生活与座右铭真正地融合在了一起。

有这样一种花，它静静地、默默地绽放，开得泼泼洒洒，充满无限生机。在和煦的春风里，在盛夏的暴雨里，在深秋的清冷里，无日不迎风吐艳，虽然它在百花中并非最艳丽，更谈不上名贵，但它却算得上最令人留恋、最值得回忆的花，因为它们不张扬，不倦怠，不抢眼，不衰败，一朵花败了，又开了一朵，一嘟噜花黄了，又长出一嘟噜。张海迪就像夹竹桃的韧性那样，她始终如一、她坚强、她持之以恒，她用顽强的生命力，唱响嘹亮的生命之歌。

结束语

在人生曲折漫长的道路上充满了成功与失败、顺境与逆境、幸福与不幸。而人生挫折则是一个人迈向成功的征途中所必须认真对待的一个基本课题。失败了也并非完全没有益处，正是因为遭遇到种种挫折，才磨炼了人的意志；从失败中吸取经验教训，可以增强克服困难和适应环境、战胜挫折的能力；只有仔细回味把握人生挫折，才能真正领会感悟人生的乐趣；也只有在战胜了人生挫折以后，才能真正走向成功，把挫折当成磨炼自己的最好机会。"文王拘而演《周易》，孔子厄而著《春秋》，屈原放逐，乃赋《离骚》，左丘失明，厥有《国语》，孙子膑足，《兵法》修列，不韦迁蜀，世传《吕览》，韩非囚秦，《说难》、《孤愤》……"古今中外一切杰出人物，没有一个是一帆风顺走向成功的。在失败和不幸面前，他们无不是选择了发愤图强之路，奋起与人生的逆境抗争，紧紧扼住命运的咽喉，通过自己的艰苦奋斗，最终成为时代的强者。从乌云中解脱出来的阳光比从前更加灿烂，经历过风雨的天空才能绽放出美丽的彩虹。

心灵链接

你有应对挫折的能力吗？

1. 在过去的一年中，你自认为遭受挫折的次数
A. 0~2次 B. 3~4次 C. 5次以上

2. 你每次遇到挫折

A. 大部分都能自己解决 B. 有一部分能解决 C. 大部分解决不了

3. 你对自己才华和能力的自信程度如何

A. 十分自信 B. 比较自信 C. 不太自信

4. 你对问题经常采用的方法是

A. 知难而进 B. 找人帮助 C. 放弃目标

5. 有非常令人担心的事时，你

A. 无法学习 B. 学习照常 C. 介于A、B之间

6. 碰到讨厌的同学时，你

A. 无法应付 B. 应付自如 C. 介于A、B之间

7. 面临失败时，你

A. 破罐破摔 B. 使失败转化为成功 C. 介于A、B之间

8. 学习进展不快时，你

A. 焦躁万分 B. 冷静地想办法 C. 介于A、B之间

9. 碰到难题时，你

A. 失去自信 B. 为解决问题而动脑筋 C. 介于A、B之间

10. 学习中感到疲劳时

A. 总是想着疲劳，脑子不好使了 B. 休息一段时间，就忘了疲劳 C. 介于A、B之间

11. 学习条件恶劣时，你

A. 无法学习 B. 能克服困难努力学习 C. 介于A、B之间

12．产生自卑感时，你

A．不想再学习 B．立即振奋精神去学习 C．介于A、B之间

13．老师给了你很难完成的任务时，你会

A．顶回去了事 B．千方百计地干好 C．介于A、B之间

14．困难落到自己头上时，你

A．厌恶之极 B．认为是个锻炼 C．介于A、B之间

分　析

1～4题，选择A、B、C分别得2、1、0分；5～14题，选择A、B、C分别得0、2、1分。

19分以上：说明你的抗挫折能力很强。

9～18分：说明你虽有一定的抗挫折能力，但对某些挫折的抵抗力薄弱。

8分以下：说明你的抗挫折能力很弱。

第九课　知心爱人

——婚恋情感

幸福的婚姻不仅需要交流思想，也要交流感情，把感情关在自己心里，也就把对方推到自己的生活之外了。

——奥斯汀

机关故事

　　林涛升职后经常出差，工作量大，任务重，不出差的日子也几乎每天都要加班、应酬，在家的时间本就不多，偶尔在家实在太累也不想多说话，就上网玩游戏来放松一下。本来就对丈夫最近的表现不满的妻子晓梅一直想找机会和丈夫聊聊，谁知他总是敷衍两句，说他工作太累了，需要休息。这让晓梅感到愤怒，觉得丈夫不爱自己了，甚至怀疑他是不是在外面有情况了，有机会就翻看丈夫的手机"寻找证据"，林涛对此非常反感，因为太累了也懒得吵。晓梅却再也沉不住气了，只要丈夫在家，晓梅就不停地数落丈夫不顾家、自私、不爱自己，并罗列自己发现的"证据"，有时林涛回家晚点，晓梅就打电话抱怨，言语刻薄，越是这样林涛越不想回家，晓梅都觉得自己像个怨妇。

由于努力工作，林涛得到了国家级的奖项。他兴冲冲地想与妻子分享，妻子却神情冷淡，她告诉林涛，自己已经对他失望、对婚姻绝望了。林涛不能理解，觉得自己为了这个家那么辛苦，付出了那么多，居然落得这么一个结果。晓梅说："你根本不在乎我！"林涛说："我努力工作，一切都是为了你呀！"他说自己一直努力工作，就是为提高家庭的经济条件打拼，就是对妻子最实际的爱。但是，她要求的是能够直接感受到他的注意与在乎，能有时间陪她。林涛的行为让晓梅觉得："我对你好像一点也不重要，工作才是你的一切。"

晓梅觉得很失落，她经常向同事抱怨丈夫不在乎她，情感生活很空虚，相互之间不知心、不交心，生活毫无情趣，弄得同事一到午饭时间都要躲着她；林涛更觉得委屈，最近婚姻的紧张让他觉得工作毫无意义，从此变得无精打采，工作也不再积极主动了，他觉得，这么多年的努力和投入，到头来都是一场空。

情感需求，男女有别

婚姻是两个人感情的自然归宿，恋爱中的人对婚姻充满向往，而婚姻中的人却对婚姻生活有些许失望。于是围城成了婚姻的经典比喻，外面的人想进去，里面的人想出来。如何营造一个温馨的家，拥有一份幸福的婚姻生活，是一门值得研究的学问。

男女之间的感情互动和心灵沟通还是有很多差异的。在恋爱时可能正是这种差异让双方彼此吸引,所以我们经常发现,一个家教很严的乖乖女常常会欣赏豪放不羁的男生,一个慢郎中会喜欢上一个辣妹子。婚后时间长了,两人之间的差异就可能逐渐转变为冲突。夫妻之间了解了这种差异,就可以减少误会,避免冲突,增进情感。

"人"字一撇一捺,告诉我们人与人之间不仅需要相互依靠、相互支撑,而且需要互相帮助、互相理解。家庭中的夫妻之间更是如此,为了增进互相扶持的能力,夫妻必须更进一步彼此了解。

处理工作压力和生活压力,男女之间差别很大。面对压力,男性会愈来愈集中注意力去解决问题而变得孤立、独立;女性则变得情绪化,努力寻求帮助,更加小鸟依人。若不了解或无法接受这个不同,夫妻关系就会徒增摩擦。

男性遇到压力时,他会默默地把自己封闭在一个空间里思考问题以寻求解决方法。若他发现了解决方法,他会开心地走出他的"壳",恢复以往的状态。如果他不能马上寻得解决方法,他会做些事暂时来忘记他的问题,譬如看新闻或玩游戏,他会因心灵得到解脱而逐渐感到轻松。如果他的压力实在很大,他会做更富挑战和更具刺激的事,如飙车或攀岩。这时,男性会逐渐变得冷漠、疏忽、没反应、心不在焉。当妻子和他讲话时,他似乎只有5%的心思放在话题上,而95%的心思都还在思考如何解决他自己的问题。压力越大,他越受问题的控制,不停地思考自己的问题,盼望能找到合理的答案。此时,他根本无暇给予女性更多的注意力和关注,因为他的心思已被问题占满。长时间陷入在一个问题中,人会崩溃,所以男性需要暂时将自己从问题中拉出来一会儿,如看报纸、看电视、上网、看足球赛、玩篮球等等,这些能帮助他暂时忘记他的问题。

一旦男性面对压力而无力给予妻子应有的关注,妻子会很难接受,也不会理解,因为她根本不知道他有多大的压力。如果他回到家能向妻子谈他所面对的问题,妻子就会比较能表示同情,反之,妻子就会觉得他忽略她。如果看见丈夫板着脸,就会错误地猜测是他不关心她。女性通常不了解男性如何处理压力,她们期待男性能像女性一样会坦白地谈论她们所有的问题。当男性不说话,转而上网或出去玩篮球时,她会觉得受到了漠视和伤害。

而女性在难过或感受到压力时,舒解方式是找她信任的人,比如爱人或好友,向对方倾诉她所遇到的问题细节。通常,只要她觉得别人在听她说话,她的压力也就很快销声匿迹了。当前问题结束后,她就会接着再谈别的问题、烦恼、失望、挫折。这些问题都不需有任何次序,在逻辑上也似乎毫无关联。当女性与他人分享了这些后,她能马上感到轻松很多。这就是女性解决压力的主要方式。女性常常借着群聚坦然谈论问题的方式而获得舒解。

在女性看来,与人分享问题,事实上是爱与信任的表示,而非负担,所以她们可以坦白地分享沮丧、迷惑、无助和疲惫的感觉。男性通常也不了解女性如何处理压力,他们认为女性像男性一样遇到压力、受了委屈时会躲到自己的"壳"里去疗伤。当女性不停地对男性抱怨周围的人和事时，他们会认为女性如此唠叨，一点小事也会说个没完，简直不可理喻，觉得她们根本成不了气候，因此也就不能真正缓解女性的压力，不能促成问题的解决。

　　林涛觉得忙工作是为了爱，晓梅觉得整天忙很少在家就是不爱，林涛想通过上网放松，晓梅想通过聊天沟通。两个人总是很难有交集，于是他们两人的紧张关系由此慢慢形成，并逐渐变成了怨恨。林涛心里认为晓梅不温柔、不善解人意、不信任他，晓梅觉得林涛自私、忽视她。他们若不了解彼此的不同，两人的关系只能越来越疏远。

　　缓解林涛和晓梅的冲突，不在于他们彼此本身感情有多浓多烈，而在于他们了解自己配偶作为异性在感情体验和压力应对方面的差异。林涛若不能真正了解女性的特定思维方式，他自然就觉得晓梅太唠叨，晓梅若不知道林涛努力工作是为了给她更好的生活，回家少说话是因为工作中说了太多话，上网游戏是需要以此缓解压力，她就会认为林涛在忽视她、不爱她，并不管不顾，忽略对方的辛苦和感受，只是自顾自地发脾气。

　　男性和女性都要接纳对方处理压力的这种方式，先不要忙着试图去改变或者指责对方，首先要理解对方，改变自己的行为，让另一方感受到被爱，内心有了安全感后才会愿意开始改变自己。女性若能记得男性处理压力的方式，就能正确解读他对压力的反应，而不是曲解男性的意思。因此，当男性再次板着脸把自己关进一个房间时，女性首先要想到：他可能正在面对压力，并不是对我发脾气、给我脸色看。当女性了解到男性独处并非表示不爱她后，她的心灵就能得到平静。此时，她会学习接受他，因为她知道丈夫正在承受极大的压力。

现在社会竞争压力大，我们的工作负担都很重，常加班加点和出差，跟家人接触时间少，回到家也经常在想着工作，对家庭的关心照顾难免减少，影响夫妻感情，影响家庭的和谐。然而事业与家庭是人生的两翼，只有相互理解，两翼对称，我们才不会失去平衡，才能振翅高飞。有人形象地把家庭与事业比做钱币的正反面，只有合二为一，幸福和成功才能真正实现。

用倾听展示真爱

倾听就像拥抱、微笑和性一样，是爱的表示，也可以增进两个人的感情。婚姻中男人更多地扮演倾听者，但这却是件苦差事，女人一旦谈论问题，男人通常的反应就是紧张和抗拒，他以为她要开始责怪他，他不知道女人只是想藉由谈话让心情好转，他只要倾听就可令女人十分感激和满足。

男人善于逻辑思考和解决问题，当女人谈了三四个问题后，他就会试图把这些问题的逻辑性联系在一起，试图提出解决方案，当男人无力解决女人所谈论的问题时，会感到特别挫败。比如女人压力大时，会抱怨：

· 我在工作上没有得到应有的报酬；

- ×××同事愈来愈令人讨厌；
- 我们的房子不够大；
- 衣服不够穿。

女人通过这些话来表达她的烦恼、失望和挫折，她可能知道没什么办法可以解决这些问题，也不需要男人给出意见，她只是为了舒解压力，宣泄情绪。如果倾听者关心她的挫折与失望，她会感受到丈夫的支持，只要谈话，她就可以放松了。而男人会觉得妻子在抱怨自己无能，不能给妻子更好的生活，因此而不愿意听下去，甚至在这样的谈话中吵起来。

夫妻交谈中，一不小心就会分心，有时候因为正专注于自己的事，或因为对方的话题让我们联想到其他的事情，我们可能习惯性地用自己的观点取代对方的想法。另一类容易发生的情况是，对方的话对我们造成某种心理威胁，我们可能会开始防卫，因此把他要传递的信息搁置一边。正面的倾听能够消化并吸收了解对方所要表达的信息，为婚姻关系带来养分。

两人交谈时可以用一些方式表示你正在听并听进去了，否则对方会以为你没听进去。以下几个方式可以向对方表达你已经听进去了：

1. 点头表示你同意。
2. 简单回答："嗯"。
3. 把对方的话重述一遍，或重新诠释对方的话。例如，"你的意思是说……"

4. 问相关的问题。

用有声、无声或表情动作表示你已听到，会给对方温暖的感觉，让人觉得和你在一起是很愉快的事。

当女人正在说话而男人心不在焉时，她这时应停止说话，耐心地在那儿等待他的注意，然后再继续话题。她要知道，他有时很难全神贯注地听她说话，而男人在轻松环境氛围中被要求注意，他会很乐意集中精神倾听。

另外，最近的一个研究指出，一般人听别人说话，只要超过17秒就会插嘴发表自己的意见。当伴侣讲话的时候，要给对方全部的注意力，避免为自己辩护、出口恶言责难对方，或者武断地表示自己的立场。我们的目标是发掘伴侣的思想和感觉，不是保护自己或者矫正对方，而是为了了解对方。

我们在恋爱婚姻中的两大心理需求是：得到被爱人无条件的接纳和在爱人心中的首要位置。倾听可以帮助实现这两个目的，这是一种简单而又有效的能让对方感受到爱的方式。

用行动表达真爱

美国的盖瑞·查普曼博士经过20年的临床实症研究，总结了五种爱的"语言"，人们经常借助这五种方式来表达真爱，释放爱意。

我们的内心都会有一个"情感的账户"，它在等待被爱充盈。当我们学会了爱的语言，理解伴侣爱的语言，并且试着采用对方能接纳的语言与之对话，会让夫妻之间的感情更上一层楼，因此而增加账户的存款。

1. 肯定的语言

表达爱的方式之一，是对伴侣经常使用赞扬和鼓励的语句。口头的赞扬或者欣赏式的话语，乃是"爱"的有力沟通工具，而这些最好以简单、坦率的肯定字句来表达。例如：

"穿这裙子真好看。"

"真诚地感谢你今天帮我洗碗。"

"如果你下定决心去做那件事，那就去做吧，你一定有胜算的把握。"

真诚、适度的赞美与肯定，能帮助人发挥潜能。我们所有人都有缺乏勇气、缺乏安全感的时候，它们常常阻碍我们去成就一些想做的事情。我们的伴侣可能也有缺乏安全感的时候，他们正在等着我们以鼓励的话语来激励。

加州大学戴维斯分校的罗伯特·埃蒙斯教授经研究后发现：一个星期能表达感激五次以上的人要比其他人更能给周围人以力量和信心，而且自己也变得更快乐、更健康、更能应对压力、更乐观、更愿意助人。

2. 制造共同时刻

所谓两个人"同在一起",并非仅指我们要用所有共处的时间凝视着对方,而是说,两人同心协力,一起做些什么,且给予对方全部的注意力。所参与的那项具体活动是次要的,重要的是花时间关注对方的情感,而活动只是创造那种同在一起、共同见证的机会而已。

共同时刻可以是15～20分钟时间的精心会话,耐心倾听,用心聆听对方的弦外之音、言外之意;也可以是精心设计的活动,例如一起散步、野餐、擦车、逛古董市场,在这些活动中,我们并不强调做了什么,而是通过活动,两个人都能从中体会到:对方喜欢和我一起做事,他(她)对我有正面的态度,这些共同时刻就像珍珠一样,在未来的岁月里可以串起我们美好的回忆。

3. 赠送礼物

礼物是爱的视觉象征,结婚戒指就是最好的代表。结婚戒指是双方互赠的礼物,它代表了两个人内在灵魂的结合,在永不止息的爱里,联合了两个人的心。礼物的价值是次要的,重要的是它包含的情感信息。礼物是思念的象征,它是否值钱,无关紧要,重要的是我们在挂念着对方,思念经由礼物实际地表达出来,把它当作爱的表示送给对方。比如出差回来带给对方一份小礼物。

赠送礼物不在于价值,而在于心意。我们可以在家的附近散步时,睁大眼睛，为伴侣找一件礼物，那也许是一块石头，一根短棒或者一朵花。然后我们可以在这个天然的礼物上加上特别的意义。例如，一块圆滑的石头，可以象征我们的婚姻，曾经粗糙，现在已经磨光滑了；一朵玫瑰花，可以提醒我们，我们在伴侣身上所看到的美。

4.服务行动

所谓服务行动，是指做伴侣希望我们做的事。我们借着替他（她）服务，而使他（她）高兴；借着替他（她）做事，来表示对他（她）的爱。

当然，我们的行为模式是受我们的原生家庭所影响的，比如丈夫的原生家庭早上不需要叠被子，但妻子的原生家庭却要求早上一定要把被子叠整齐。婚后他们可能会因此产生矛盾，妻子要求丈夫早上把床弄整齐，丈夫如果接受了妻子的要求，这就是为妻子做的"服务行动"，当他学会了借说她爱的语言和做她要做的行动来满足她对爱的需要以后，她也会自动去满足他对爱的需要。

5.身体接触

身体的接触，也是沟通婚姻之爱的有力工具。牵手、亲吻、拥抱以及性生活，都是一个人跟他伴侣沟通爱的方式。

在遇到危机时，我们都会相互拥抱，因为身体的接触是爱最有力的天性的表达方式，在危机中我们需要感觉被人爱。我们不总是事事顺意，但如果我们觉得被人爱，就会有生存下去的勇气。同样，在生活中我们面对着各种压力，男人的一个拥抱就能让妻子感受到爱，释放了压力，然后收拾心情面对问题；对男人来说，当他处于压力下，妻子拍一拍他的肩膀，就能给他力量。

发现爱的语言

人们倾向于在自己最深的情感需要得不到满足时，强烈批评自己的伴侣，然而批评只是一种乞求爱的无效方式罢了。如果我们懂得这些，就应该采取一种较具建设性的方式来应对对方的批评。伴侣经常抱怨、批评你的地方就是他（她）需要的爱的语言。

妻子抱怨丈夫常加班、玩电脑游戏和朋友聚会等，其实妻子抱怨的是这些事占据了丈夫的时间，而不能陪伴她。她爱的语言可能就是"共同的时刻"或"服务的行动"。就像晓梅怨恨丈夫很少在家，在家时却玩游戏而不愿意陪她说说话，她希望周末能有一段"共同的时间"；而丈夫林涛希望他们能有共同的认识，能得到妻子的理解和支持，他的爱的语言就是"服务行动"。我们了解了对方的爱的语言就要用对方需要的方式去表达爱，这样才能让对方的情感账户越来越丰盈。

当面对事业上的压力与挑战时，不妨做一个"顾家"的人。通过与爱人的交流，营造一个和谐的家庭氛围，这也能更好地帮助自己舒缓工作的压力。把对家庭的义务和责任当作一种享受也未尝不可，在家时做做家务、洗洗碗、拖拖地，也是一种放松。休息日一起去附近的公园走走,在出差时经常打打电话让家里人感觉到你在挂念他们,在家人生日或纪念日的时候,给他们个惊喜。这些"小事"中都包含了爱的语言,它可以成为连接我们和家人的亲密纽带,使彼此在相互关心、相互交流中,真切地感受到生活其实很美好。

快乐自己,感染对方

美国夏威夷大学的心理系教授埃莱妮·哈特菲尔德及她的同事经过研究发现,包括喜怒哀乐在内的所有情绪,都可以在极短的时间内从一个人身上"感染"给另一个人,这种感染力速度之快甚至超过一眨眼的工夫,而当事人也许并未察觉到这种情绪的蔓延。

哈佛大学教授尼古拉斯·克里斯塔基斯和加利福尼亚大学圣迭戈分校教授詹姆斯·福勒共同完成了一个"快乐传染"的实验。克里斯塔基斯和福勒发现,快乐情绪能够感染亲友、邻居和室友等人。他们估算,如果社交网络中一个人感到快乐,其朋友和兄弟姐妹感到快乐的可能性分别增加9%和14%,室友和邻居的这一可能性分别增加8%和34%。

不仅是好的情绪容易传染,研究发现,负面情绪与好的情绪相比,有着更强烈的传染性。

美国洛杉矶大学医学院的心理学家加利·斯梅尔做了一个实验,他将一个乐观开朗的人和一个整天愁眉苦脸、抑郁难解的人放在一起,不到半个小时,这个乐观的人也变得郁郁寡欢起来。加利·斯梅尔随后的一系列实验证明，只需20分钟，一个人就可以受到他人低落情绪的传染。一个人的敏感性和同情心越强，越容易感染上坏情绪，这种传染过程是在不知不觉中完成的。

有这样一个夸张而形象的故事。爸爸在外面受了气回家后，气鼓鼓地坐在沙发上，这时孩子过来和他说话，他对孩子没好气，孩子莫名其妙地被骂了一顿，就会去踢狗，狗会去咬猫，猫会去捉弄老鼠。

情绪具有多么强的感染力啊，它像电子发射器一样会向四周辐射能量，影响周围人的情绪。一位名人说过："你可以把工作成果带回家，却不能把工作情绪带回家。"

晓梅情绪不好，就和林涛把工作压力和负性情绪带回家有关，不良情绪传染给了妻子，让她的心情也开始变得不好，继而让她对他们的婚姻产生失望，冲突不断升级，影响了她的工作效率和人际关系；妻子对婚姻失望的情绪又影响了林涛，让他对工作没有了积极性，对自己努力工作到底是为了什么也产生了迷茫。林涛需要让自己缓解压力，让自己快乐起来。

感情生活中，体谅对方、照顾对方的同时，必须学会快乐自己，善待自我，减少自身负性情绪，帮自己开心快乐起来，因为自身的快乐与活力随时会感染对方。

我们可以问问自己：我爱自己吗？我快乐吗？只有爱自己的人才能体会到别人对我们的爱。而我们每天做的却是在自我憎恨——

"我够好了吗？没有，我还可以做得更好"，我们永远在通过"不够好，努力更好"在作内部评判，我们的内在价值无法得到肯定。这时即使有人爱我们，我们也觉得不值得爱，回避、拒绝别人，爱我们的人因受到挫折而远离我们。

肯定自己。每天用一小会儿的时间关注此时此地的感受，不管出现任何想法和情绪，用不偏不倚的态度承认，例如，"是的，我感到无聊"，"是的，我不够聪明"。只是关注此时此地的感受，不评价不控制。

原谅自己。不管人生经验多不完美，试着原谅自己。你可以对自己说："我又不是完人，只要尽到我最大的努力就好。"

欣赏自己。欣赏自己是一个独特的人，去做自己，成为自己，而不是抓紧"我应该是什么样"，"我可以这样去做"。

关注自我。让心灵成长，让我们成为一个更加健全的人，能更好地服务于事业和家庭。不因为过于需要获得认可和价值感偏重事业，也不因为恐惧竞争，回避人际关系而退缩在家庭之中，自我成长能让我们事业和家庭相得益彰。

幸福的夫妻并不只是相安无事地生活在一起。即使生活忙碌，他们仍能享受生活的乐趣，一起笑、一起娱乐。他们彼此相爱，又是最好的朋友。在婚姻生活中选择快乐，快乐是心灵的良药，快乐让一个人觉得生活有朝气、有盼头，能够以更乐观的态度对待工作和生活上的挑战。

正视并满足内在需求

　　科学研究表明，现代人所强调的均衡饮食、充分睡眠或定期运动等等，都远不如发展有意义的"爱的关系"更能增进一个人的身心健康，而持续上升的离婚率已成为现代一个巨大的社会问题。拥有甜蜜幸福、协调和谐的婚姻，是今天许多人梦寐以求的渴望。可如何才能实现家庭与事业的和谐发展呢？一个很基础的问题就是要学会关注自己及对方的心理需求。

　　我们全力以赴去争取的目标——成就、财富、地位、权力、赏识、认可、赞美，多数都被我们用来填补内在的空洞——与爱失散形成的空洞。这样替代性的满足感不过是我们想要间接赢得爱的手段，它们并不能真正滋养我们，因为它们并没有带给我们真实的东西，只是虚假的满足。它们不但不能滋养我们，反而加深了我们内心的饥渴，加深了我们对爱的渴望。

　　在我们每个人的成长过程中即使是再完美的父母也不可能让我们毫无创伤，然而婚姻给了我们第二次修复童年创伤的机会，让我们借着与爱人快乐或痛苦的深度互动过程，医治过去心理所受的伤，弥补过去的遗憾，满足小时候对自己特别重要，却在父母身上未能得到的一些心理需求。

　　我们小时候经历过的一些非常强烈和痛苦的经验感受，往往使我们在不知不觉中作了影响一生的决定，这些潜意识中产生的"隐秘的内在誓言"常在我们最重要的人际关系上造成影响。晓梅的内在誓言就是：我一定要比别人活得体面。这个影响我们一生的决定，并不见得是坏的，它曾在我们人生中间某一个阶段保护了我们，对我们有所帮助。晓梅一直学习好，从小得到老师的喜欢，工作努力，又得到上级的欣赏。但当人生的环境改变时，步入婚姻之后，过去这个保护我们的行为在新的环境里，反而变成了一个阻碍。因为家不是争道理、比高低的地方，而是需要爱的艺术的地方。

不断地了解自己，体验自己的情绪，能够让我们明瞭自己行为背后的心理需求是什么。当别人无意中触碰了我们的伤口时，不会立刻反击引起战火或暗自神伤。我们不能阻止别人来碰我们的伤口，每个人只能为自己负责，了解自己，可以减少与伴侣和其他人际冲突。可以通过以下几个问题来了解自己。

1．我小时候常有的负面情绪是什么？当我遇到创伤性的负面情绪时，我的自卫行为是什么？

2．我小时最需要的而没有得到满足的心理需求是什么？

3．我小时候最受伤的感受是什么？

与伴侣一同分享这些问题，能增进伴侣间的相互了解和体谅。当对方发现我们强硬态度的背后有那么一个受伤的小孩时，就不会再用指责、逃避的方式来对待我们，反而会更加疼惜我们。

当夫妻吵架时，首先要问自己：激起我情绪的这件事，是否和我童年没有得到满足的需求有关？要培养自己在吵架时跳出来观察自己的能力，要知道我们为何而争吵，是因为伴侣的错，还是因为伴侣触碰了我们内心曾经受伤的那一部分？我们是为现在的事争吵还是为童年的创伤而争吵？为爱点亮一盏灯，用爱照亮自己，不再吵糊涂架。

当亲密伴侣的一个行为、一句气话激发起我们的情绪时，我们至少可以问自己两个问题。第一个问题是：我现在到底需要什么？第二个问题是：我这个需求有没有可能在不改变对方的情况下得到满足？

很多时候，当我们知道自己的真实需求以后，就不会那么生气了。如果这种需求能够现实地、理性地得到满足，我们的负性情绪就能自然得到缓解。其实，每一次生气、愤怒或其他负性情绪反应都是一个机会，它让我们可以借此自省进入自己的心灵深处，更加了解那些情绪背后的需要是什么。每一次有情绪迸发特别是有强烈的情绪时，你要探求一下，我现在到底需要什么，我到底害怕什么，顾虑什么？一般来讲，我们所担心的往往是害怕自己不能被爱，不被尊重，害怕自己没有用处，没有价值。

晓梅想要丈夫在家陪她，实际上就是为了满足被尊重、被关爱的需要，当然采用吵架和数落的方式，造成了很多不愉快，对需要的满足也没有帮助。那么，我们就要思考，能不能在不改变对方的情况下获得自身的满足呢？即使在很难的情况下，也可以想一想有没有什么事情是我们自己可以做的？这种作为能让自己的幸福和快乐程度有所增加？只要仔细去想，其实还是有很多事情可以去做的。不需要依赖别人，只要靠着自己的一点改变，就可以做到。

晓梅周末其实可以自己逛商场或者郊游，也可以和自己的朋友喝喝茶，抑或自己看看书，一旦有了自己的生活和空间，就不会在丈夫几点回家这个话题上较真了。一旦丈夫发现妻子每天精神焕发、高高兴兴，他自然就觉得和妻子聊天，和妻子在一起相处是一件轻松快乐的事情，慢慢就会改变惯有的处理问题的方式。

我们每个人需要对自己的幸福和快乐负责，正视自己的切身需要，不但努力寻求机会和途径予以满足，还得努力给别人一些空间。当看到伴侣正处在压力和痛苦之中时，不必提供那些空洞的强制性建议，而是可以问问对方："我能帮你做什么，才会让你感觉好一些？"这让对方能感觉到被爱和被尊重，因此自己也能赢得更多的爱和尊重。我们不仅要爱得更努力，还要爱得更智慧。

结束语

爱不是我们唯一的情感需要，根据心理学家的观察，我们的基本需要是：安全感、自我的价值与意义。但是，爱与这些需要是相互影响的。

如果我的伴侣爱我，我就可以很轻松，知道我的爱人不会伤害我，在他或她的面前，我觉得安全。在工作中我可能面对很多的压力，在人生的其他方面，我可能有敌人，但只要跟伴侣在一起，我觉得安全，爱让我们有力量去面对人生的各种挑战。

伴侣爱我这一事实，使我的自我价值感得到满足。毕竟，如果他或她爱我，我必然是值得被爱的。生命被成功的欲望所推动，我们需要自己的生命价值。对于什么才是有意义，每个人都有自己的想法，并为此而努力地工作，以达到自己的目标。感觉到被伴侣所爱，增强了我们这种有意义的感觉。我们相信，如果有人爱我，我的存在必定是有意义的。

我是重要的，生命富有意义，并有更高的目标。我必须有信心，可是在有人对我示爱之前，我可能感觉不到自己的重要。当我的伴侣用爱心投资时间、精力和努力在我身上，我就可以感觉到自己的重要。缺少了爱，我将一生都在追寻意义、自我价值和安全感。但当我体验到爱，它便积极地影响了我所有的需要。现在我有发展我潜力的自由，更确定了自我的价值，所以现在我能把我的精力向外转，而不是被自我的需要所缠绕，真实的爱总是使我们更自由。

爱不是一切事情的答案，可是它制造了一种安全的气氛，在那种气氛里，我们可以寻求那些烦扰我们之事的答案。在爱里，一对夫妻可以讨论差异，而没有责难，冲突可以被化解；两个不同的人，可以学习和谐地生活在一起，发现如何展现彼此最好的部分，这就是爱的奖赏。

用心经营婚姻，珍惜你的知心爱人，你将会发现幸福的婚姻生活就在你的眼前!

心灵链接

爱情三元理论

20世纪90年代,美国耶鲁大学社会心理学家罗伯特·斯坦伯格提出了"爱情三元理论"。斯坦伯格用心理计量学的观点去探讨爱的本质,他认为:人类的爱情虽然复杂多变,但所有的爱情体验都是由三个基本要素组成的,即亲密、激情和承诺。

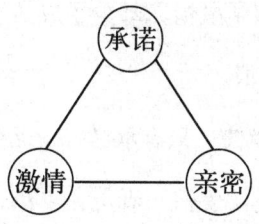

激情:激情则必然伴随有彼此间性的吸引,以身体的欲望被激起为特征。激情的形式常常是对性的渴望,但是从伴侣处得到满足的任何强烈的情感都属于这一类别。

亲密:是以彼此的信任为基础的情感表现,包括热情、理解、交流、支持及分享等。

承诺:承诺是内化为个体心灵需求的一种责任和约定,包括将自己投身于一份感情的决定及维持感情的努力。

激情是爱情的萌芽,没有激情,爱情就缺少了生存和发展的原动力；不过激情时间短暂，容易逝去；而亲密则是激情的延续，爱情的加油站，没有了亲密，爱情就容易枯竭；承诺是爱情的安全气囊，没有了承诺，爱情就多了几分危险，时刻有崩溃的可能。

斯坦伯格根据激情、亲密和承诺三大要素组成了七种不同类型的爱：

第一种是喜欢式爱情，只有亲密，没有激情和承诺，如友谊。显然，友谊并不是爱情，喜欢并不等于爱情。

第二种是迷恋式爱情，只有激情，没有亲密和承诺，如初恋。第一次的恋爱总是充满了激情，却少了成熟与稳重，是一种受到本能牵引和导向的青涩爱情。

第三种是空洞式爱情，只有承诺，缺乏亲密和激情，如纯粹的为了结婚的爱情。此类"爱情"看上去丰满，却缺少必要的内容，金玉其外，败絮其中。

第四种是浪漫式爱情，只有激情和亲密，没有承诺，这种"爱情"崇尚过程，不在乎结果。

第五种是伴侣式爱情，只有亲密和承诺，没有激情。跟空洞式"爱情"差不多，平淡的婚姻，只有权利、义务却没有感觉。

第六种是愚蠢式爱情，只有激情和承诺，没有亲密。没有亲密的激情顶多是生理上的冲动，而没有亲密的承诺不过是空头支票。

第七种是完美式爱情，包含激情、承诺和亲密。真正的完美的爱情应该以信任为基石，以性的吸引和欣赏为催化剂，以承诺为约束，既具有相对的稳定性，又充满热情和活力。

完美的爱情需要恋爱双方耗尽毕生的精力去培育与呵护，那是一项贯穿人生的浩大工程。然而，具备三个要素并不意味着爱情就成为现实，爱情还需要更多的努力来调节这三者的关系，只有三角形是稳定的。

爱不是一件容易的事情，难怪现在有人认为爱是一种能力，并非天生就有，需要不断地锻炼和实践才能培养出来。

评估你的婚姻关系

根据约翰·古特曼的研究，你在多大程度上了解自己伴侣的人生琐事，将很好地预测你和伴侣之间婚姻关系的持续程度。下面的调查表有助于评估你和你的伴侣彼此有多了解。

你可以先根据你对伴侣的猜测来回答问题，然后再请伴侣告诉你真实的答案。每答对一题则得1分。接着，你和伴侣交换角色，重复以上回答过程。最后，将你们两人的得分相加，得出0～20分的总分，分数越高，你们的婚姻关系就越完美。

问题：

1. 一般而言，你的伴侣最喜欢看以下哪一类电影？
   A.恐怖片　B.喜剧　C.动作片　D.戏剧
2. 你的伴侣的第一份工作是什么？

3. 一般而言，你的伴侣最喜欢在电视中看以下哪一类运动？

　　A. 足球　B. 乒乓球　C. 篮球　D 汽车拉力赛

4. 你伴侣的出生地是哪里？

5. 以下古典小说中你的伴侣会比较喜欢阅读哪一本？

　　A.《红楼梦》　B.《西游记》　C.《水浒》　D.《三国演义》

6. 你的伴侣的衬衫尺寸（男性）或者裙子的尺寸（女性）是多少？

7. 一般而言，你的伴侣最喜欢以下哪一种度假方式？

　　A. 海滩　B. 爬山　C. 野营　D. 度假村

8. 你伴侣的最好朋友叫什么？

9. 如果可能，你的伴侣最希望和以下哪一位领袖人物见面？

　　A. 阿道夫·希特勒　　B. 成吉思汗　　C. 拿破仑·波拿巴

　　D. 圣雄甘地

10. 你的伴侣童年的一个快乐回忆是什么？

第十课　亲亲我的宝贝

——亲子关系

孩子们的性格和才能，归根结底是受到家庭、父母的影响。孩子长大成人后，社会成为锻炼他们的环境。学校对年轻人的发展也起着重要的作用。但是，在一个人身上留下不可磨灭的印记的却是家庭。

——宋庆龄

机关故事

几年前宝宝小凯的到来对于肖卉来说既是意外又是惊喜，当时作为一个年轻母亲自然没有什么经验，幸好有婆婆帮着带孩子。那时她正处在事业的上升期，单位对员工形象要求很高，她不想因为怀孕生产而让身体走形失去发展的机会，所以在怀孕和哺乳期间没有大补，孩子出生后几天就开始喂奶粉。平时在家孩子主要是婆婆带，家务多数也是婆婆做，几乎不用她太插手。休完6个月产假后她就匆匆上班去了，因为工作忙，她经常要出差，开始她还担心孩子会黏着她，但实际上，她发现孩子很听话，她离开时孩子不哭也不闹，这让她更放心地去工作了。

孩子3岁要去幼儿园，问题产生了，孩子不愿意去而大哭大闹，奶奶每次送总是很心疼，看孩子哭得太厉害就带回来了。肖卉担心婆婆会宠坏孩子，于是她亲自去送。她把孩子交给老师转身狠心就走，她觉得这样是为了孩子好。孩子哭闹了一会儿安静了下来，但他却不跟其他伙伴玩，只是一个人呆呆地坐着或站在墙角。后来几天一直是这样，肖卉知道后也有点着急，回家问孩子为何不和其他小朋友玩，孩子仍旧不说话，她急了会大声跟他嚷几句，孩子会很害怕的大哭要找奶奶。这让肖卉又气又恨，怨婆婆惯坏了孩子，让孩子变成这样。她想等孩子长大点懂事了，可能就好了。

可随着时间的推移，肖卉和丈夫的职位越来越高，都成了部门的负责人，在工作上独挡一面，但已经8岁的小凯却一直让他们焦头烂额。他们最怕听到的不是上司的电话而是学校老师打来的。最多一天要被老师请去学校三次，早上因为没带作业或者没做作业，被老师请家长；中午，因为上午与同学打架又被请家长；下午接他放学时，又被老师告状说上课下座位，在教室里乱跑。小凯弄得他们很没面子，开始父母虽然很生气，但还是能批评教育，但好不了两天，又会如故，和同学打架，被老师请家长。后来爸爸回家二话不说就把小凯打了一顿，从小带大小凯的奶奶见孙子被打十分心疼，第二天会偷偷给小凯买个玩具安慰他；妈妈心疼小凯被打但也很无奈，只得跟小凯说："如果你今天再和同学打架就扣你10元零花钱。"小凯小声嘟囔道："扣就扣，有什么了不起，反正奶奶会给我。"

周末肖卉要带小凯去美术班,肖卉怕他又在课上捣乱就跟他说:"如果今天你去兴趣班好好听话,我就给你20元作为奖励。"肖卉对小凯实在没办法只得用钱买来小凯暂时的听话。

工作压力本来就大,孩子又给他们带来了很大的苦恼,在工作时总是担心孩子在学校会不会又出什么乱子,回到家肖卉夫妻与奶奶因为对教育孩子的意见不统一,又会发生争吵。他们也不明白为何在单位不管多复杂的工作都能搞定,多么难缠的员工都能听话,怎么自己的孩子就是教育不好?

公职父母有难处

现在的孩子越来越不好管,他们越来越聪明,什么都懂,还会善于把握大人之间的复杂关系,让身边的人围着他转,一旦不如己愿,就会施展惯用伎俩,家长如果此时没有和他建立一定的规矩,明确规则,就会越来越难于控制。而怎么批评他们,如何引导他们,还真是超越了一般公职父母的能力所限,必须认真读一点心理学了。

有些事业处于上升期的人常会有这样的想法:"等事业稳定后再回归家庭。"在事业上奋力打拼时无暇顾及家庭,一旦事业稳定下来,会用加倍的时间和爱补偿孩子和家人。可我们都知道,"将来的日子虽长,但孩子的童年很快就过去了"。人生有三件事不能等:自己的健康、孩子的教育和孝敬父母。这些都是不能用金钱、事业上的成就换来的。孩子18岁前心智还不成熟，这需要父母格外关注和爱护。而此时如果父母忙于事业，孩子在父母那里得不到应有的关注和爱，那么他的需求不但不会消失反而会用偏差的行为来满足自己。如果不想让自己的孩子和家庭关系出现问题，一心干事业的父母们就必须尽力抽出时间来陪伴孩子，用心关注孩子在每个年龄阶段的心理需求，必要时对事业的追求暂时放慢些，换回的将是孩子健全的人格和一生的平安。

肖卉的孩子就有了明显的依恋问题，因为特定的儿童经历，造成了他与父母的回避型依恋关系，因此与父母难于建立亲密关系，不敢探索新鲜事物，不敢与他人接触。因为孩子处于婴儿期的时候，肖卉没有和孩子建立更多的情感链接，奶奶是孩子的主要抚养人，孩子与奶奶建立了基本的依恋关系，但老人更多的只是满足了孩子的生理需求，又因为忙于家务而忽略了孩子对爱抚以及更多身体接触的需求。3岁与奶奶的分离对孩子又是一次创伤，在还没有对外界产生信任的情况下，就被推到了一个新的环境——幼儿园，又与依恋对象奶奶分离，孩子只有退缩回自己的世界里以保护自己，不敢过多地去探索外界，出现了回避行为，甚至对母亲产生了惧怕心理。

依恋要紧

幼儿与母亲（还有早期看护者）之间的亲密接触以及依恋的经验，对他（她）在未来生活中爱的能力以及与他人亲密接触的能力有很重要的影响。依恋一般被定义为婴儿和主要抚养者之间存在的一种特殊的感情关系,产生于婴儿与抚养者的相互作用过程中,是一种感情上的联结和纽带。

心理学家亨利·哈罗在1958年做了一个非常著名的"爱的发现"的实验,揭示了人类对爱和依恋的渴望。哈罗和他的同事们制作的第一只代理母猴是这样的:用光滑的木头做身子,用海绵和毛织物把它裹起来,在胸前安装了一个奶瓶,身体内还安装了一个提供温暖的灯泡。然后他们又组装了另一只不能提供舒适环境的代理母猴。这只母猴是由铁丝网制成,外形与木制母猴基本相同,以便使幼猴用接近木猴的方式接近它。这只铁丝母猴也安装了能喂奶的乳房,且也能提供热量。

然后,研究者把这些人造母猴分别放在单独的房间里,这些房间与幼猴的笼子相通。8只幼猴被随机分成两组,一组由木制母猴喂养(用奶瓶),另外一组由铁丝母猴喂养,也提供奶。哈罗把猴子放在笼子里,并记下在出生后的前5个月中,幼猴与两位"母亲"直接接触的时间总量。结果是令人惊讶的,幼猴偏爱的是由绒布包裹的木制母猴而且这种偏爱程度趋向于极端。幼儿与木制母猴每天在一起的时间超过15个小时,而与铁丝母猴在一起的时间仅不到5个小时。可以看到,母猴是否满足幼猴的饥饿、干渴等生理需求并不是幼猴依恋母猴的主要因素。经过最初几天的调适后,无论哪只母猴提供奶,所有的幼猴几乎整天与木制母猴待在一起。甚至是那些由铁丝母猴喂养的幼猴，它们为了吃奶才迫不得已离开木制母猴，吃完后便迅速地返回到木制母猴这里。两组猴子食量同样大，体重增长的速度也基本相同，但由铁丝母猴喂养的幼猴对牛奶消化不良，且经常腹泻。这就说明，缺少母亲的接触安慰使幼猴产生了心理上的紧张。

在完成了这些最初的研究后，哈罗想进一步详细探索"依恋"的作用。一般的常识告诉我们，当孩子们感到害怕时，他们总会到母亲（或者其他早期看护者）那里寻找庇护。为了探寻在这种情境下，与铁丝母猴在一起的幼猴和与木制母猴在一起的幼猴将分别做出何种反应，哈罗在它们的笼子里放入各种各样能引发恐惧的物品，如上紧发条的玩具打鼓熊（这种玩具熊与幼猴一样大，对幼猴而言是很可怕的）。

研究者的观察，进一步证明了幼猴对木制母猴的依恋。每当幼猴发现自己正面对一些害怕的事物时，它们便很快跑向木制母猴，并抱住它获得安慰和保护。随着幼猴年龄的增长，这种反应变得愈发强烈。另外，无论是铁丝母猴喂养的幼猴，还是木制母猴喂养的幼猴，当它们害怕时，都会到绒布包裹的木制母猴那里寻求安全感。

我们也许曾注意到，当父亲或母亲在场时，孩子们会感到安全和放心，他们在这种场合下更充满好奇心，更乐意去探索它们周围的环境，父母就是孩子的安全之源。

从生理学角度看，恒河猴与人类非常接近。恒河猴在婴儿期对情感和接触（如喂养、接触、依附等）的基本反应与人类相同。哈罗的实验结论推广到人类，可以看到，早期的母婴关系对婴儿是多么的重要。但是，对于人类而言，这种依恋的发展过程要缓慢得多，大约仅仅有70%的孩子在1岁的时候才显现出与成人之间的安全依恋关系。人类的情感体验也要比猴子丰富得多。

研究表明，人类主要有四种依恋类型。美国发展心理学家安斯沃斯（Mary D.Ainsworth）设计了一种被称为"陌生情境"的实验过程，以观察母亲和儿童间的依恋关系。在这个过程中，儿童进行20分钟的游戏，并使照看者及陌生人进出房间，从而再现出大多数儿童在生活中会遇到的熟人、陌生人情境变换。根据情境中心理压力发生的变换，对儿童的反应加以观察。基于其行为表现，可把儿童分为四种类型：安全型依恋，焦虑型依恋，回避型依恋，紊乱型依恋。

安全型依恋于母亲的儿童，当母亲在场时，会自由地进行探索、与陌生人打交道，在母亲离开时会表现得心烦意乱，并在看到母亲返回时高兴。情感较成熟，有弹性，对人有信任感；能适度依赖，也不怕被人依赖；安全型的孩子较能忍受挫折，能延缓欲求立刻得到满足的冲动，在焦虑时能自我抚慰，也较能处理人际冲突。

焦虑型依恋的儿童会对探索行为及陌生人感到焦虑，即使母亲在场亦如此。母亲的离开会使儿童极端沮丧。母亲返回时儿童会表现出矛盾心态：寻求保持与母亲的亲密但会怨恨，并且在母亲开始关注时进行抵抗。

回避型依恋的儿童会回避或忽视母亲——在母亲离开或返回时几乎没有情感反应。无论是什么人在场，儿童都很少有探索行为。对待陌生人及母亲的态度没有什么不同。无论室内是否有人或有何人，儿童的情绪都不会有多大变化。

紊乱型依恋的儿童当母亲欲离开时会表现为慌乱，不知道该怎么办，母亲回来时，亦不知道该怎么办，有时会出现张开手抱的动作，但同时又后退，不让母亲接近。因为儿童希望爱的对象——母亲，也是造成其痛苦的对象，对母亲爱恨交织。

如果母亲性格粗枝大叶，动作粗鲁，情绪不佳，对孩子管理疏忽，或不愿亲自陪伴孩子，把孩子寄养别处，甚至虐待孩子，那么孩子就可能很难与人形成良好的依恋，从而出现自闭情形。孩子出生后第一年很重要，母亲的接纳、喜欢、拥抱、躯体抚慰和精神关注，将促进孩子与母亲形成信任、安全、温暖的关系，这样的依恋关系能让孩子变得健康、活泼、开朗、自信和自尊。

父母要用一种平和、坚定、温暖的心去引导孩子，孩子会慢慢地完全投入父母的怀抱，完成儿童时期的心理发展任务——依恋。

儿童的心理发展也可以因为环境而延迟或阶段性潜抑，只要母亲给予孩子无条件的接纳、欣赏，并适当地增加与孩子的躯体接触，温暖地拥抱、轻柔地抚慰、细心地照料，孩子仍旧可以重新获得与母亲的依恋。

批评有节

在培养孩子良好习惯的过程中，需要特别关注批评的技巧。一直以来，许多父母坚信一个教育信念就是，孩子听话的时候应该奖励，不听话的时候就应该惩罚，这样才能教出乖巧听话的孩子来。当孩子不听话时，父母最常有的情绪就是生气，气孩子不把父母的话当回事；气自己的话竟然无法在孩子身上产生作用；气孩子无视自己的存在；气自己无法控制孩子。同时你会发现自己虽然气得半死，但孩子的行为似乎不见改善，依然故我。这种教育方式不只是孩子觉得有压力，父母也会很累。父母对孩子的批评一定要有限度，超过了一定的限度不仅不能起到好的效果，反而适得其反。

美国著名幽默作家马克·吐温有一次在教堂听牧师演讲。最初，他觉得牧师讲得很好，使人感动，准备捐款。过了10分钟，牧师还没有讲完，他有些不耐烦了，决定只捐一些零钱。又过了10分钟，牧师还没有讲完，于是他决定，1分钱也不捐。到牧师终于结束了冗长的演讲，开始募捐时，马克·吐温由于气愤，不仅未捐钱，还从盘子里偷了2元钱。这种刺激过多、过强和作用时间过久而引起心理极不耐烦或反抗的心理现象，称之为"超限效应"。

超限效应在家庭教育中时常发生。如，当孩子不用心而没考好时，父母会一次、两次、三次，甚至四次、五次重复对一件事作同样的批评，使孩子从内疚不安到不耐烦最后反感讨厌。被"逼急"了，就会出现"我偏要这样"的逆反心理和行为。因为孩子一旦受到批评，总需要一段时间才能恢复心理平衡，受到重复批评时，他心里会嘀咕："怎么老这样对我？"孩子挨批评的心情就无法复归平静，逆反心理就高亢起来。可见，家长对孩子的批评不能超过限度，应对孩子"犯一次错，只批评一次"，特别不要再与孩子以前犯过的错误联系起来，因为如果批评了一两次还是没有改，说明这种方式是无效的，家长就需要换一种方式。如果再反复批评，孩子就会产生逆反心理，因为可能过去的错误有一些已经改过了，但家长反复提起，会让孩子觉得我改了，家长也看不到，索性破罐破摔。

奖励有道

家长对孩子的批评应所节制，而奖励更需要智慧。心理学实验证明，表扬、鼓励和信任，往往能激发一个人的自尊心和上进心。但奖励的原则应是精神奖励重于物质奖励，否则易造成"为钱而学习"的心态。这是因为人们的行为最初都是有内在理由的，如兴趣爱好。但如果出现更大吸引力的刺激（如金钱、奖励）给人们的行为增加额外的"过度"理由，这会使人们用这些更有吸引力的外部理由来解释行为，相应地减少或放弃原来的内在理由。当这种外在的刺激（如老师的表扬、金钱奖励等）不存在了，人们失去了解释行为的理由，便会终止表现这种行为。孩子的行为也受"过度理由效应"所影响。

第十课　亲亲我的宝贝——亲子关系

有这样一个有趣的故事：一位老人在一个小乡村里休养，但附近却住着一些十分顽皮的孩子，他们在晚上经常踢铁桶玩，喧哗的吵闹声使老人无法好好休息，在屡禁不止的情况下，老人想出了一个办法。

他把孩子们都叫到一起，告诉他们每天来踢铁桶，他很喜欢听，他将给他们5元钱。孩子们当然很高兴，又能玩又能有钱赚。但过了5天老人告诉孩子这个月他的退休费还没拿到，只能给他们3元了。孩子们虽然有点不高兴，但还是每晚来踢。又过了5天，老人告诉孩子这个月他要交房租，只能给他们1元了。此后孩子已经踢得不那么起劲了。又过了几天，老人告诉孩子他刚生病了花了很多钱，很遗憾他不能再给他们钱了，但希望他们还能继续踢。结果，孩子们认为受到的待遇越来越不公正，认为"不给钱了谁还给你踢"，再也不到老人所住的房子附近吵闹了。

行为如果只用外在理由来解释，那么，一旦外在理由不再存在，这种行为也将趋于终结。本来孩子们从踢铁桶中可以得到乐趣是内部理由，但老人非要给他们钱，让他们的行为原因转变成了由外部理由来维持。当外部理由不存在了，孩子的行为也就不能再保持了。肖卉用金钱奖励试图维持小凯去上美术班的行为，这就是用外部理由来维持小凯的行为，目前看暂时有效果，但一旦她不再奖励，本来对学美术就不感兴趣的小凯很难坚持下去。

希望孩子努力学习的家长，不能用太多的金钱和奖品去奖励孩子的好成绩,如果我们希望某种行为得以保持,就不要给它足够的外部理由。而要让孩子觉得自己喜欢学习,学习是有趣的事,用内部理由让孩子来自觉学习。

表扬有方

　　表扬会产生副作用,过度使用表扬会产生不良的影响。有些孩子为了能得到父母的表扬而表现良好,他们相信他的价值便是为了取悦他人。

　　肖卉一直认为小凯虽然有点淘气但很聪明,这一直是她引以为豪的地方。在小学一年级时,小凯总是很听话地自觉做完作业,肖卉一定会表扬道:"你真棒,这么聪明,这么快就把作业做完了。"但到了二年级,小凯开始不写作业了,老师和家长问他为什么,他说:"我都已经会了,为什么还要写。我比同学都聪明。"

　　现在几乎每本指导父母如何教育孩子的小册子都提到了表扬,一些励志类书籍还建议家长能给孩子最好的礼物就是通过经常的表扬来帮助他们建立自信。当孩子通过考试时,表扬他们是多么聪明;当孩子画出一幅可爱的画时,赞美他们多么具有艺术天赋。这一方法旨在消除孩子成长过程中出现的消极因素,而集中关注孩子取得的哪怕是很小的一点成功。

　　这个方法非常符合我们的直觉。总是告诉孩子他们有多棒,孩子当然就会成长为一个充满自信和快乐的人。到目前为止,这一切都进行得很顺利。但研究表明，经常表扬孩子聪明有天赋却是一件很糟糕的事情。

在1990年代，哥伦比亚大学的克劳迪亚·穆勒和卡罗尔·德维克对表扬心理学进行了一项大规模的研究。他们在实验中请来了400多名10～12岁的孩子，这些孩子来自于不同的文化和社会经济背景。研究者首先给孩子们做了一个典型的智力测试，在孩子们解答完这些问题后，研究者拿走了他们的答卷，给他们分别计分，但却不按真实成绩反馈给每个孩子，而是有策略地对不同组的孩子给予不同的反馈。他们解释道，其实每个孩子都做得很好，平均正确地解答了80%的问题。

研究者表扬第一组孩子说他们一定是非常聪明才能解答出这么多谜题，对第二组孩子则保持沉默。按照一些励志类书籍的说法，仅几秒钟的赞扬就会对孩子产生戏剧性的影响。实验结果也显示的确如此，但并不是以他们所预期的方式。

在实验的第二阶段，研究者告诉孩子可以选择两个任务中的一个来完成。一个任务非常难，他们不大可能成功，但它具有挑战性，即使是失败了也能让你从中学到不少东西。与之相比，另一个任务容易得多，他们很可能成功，但可以从中学习的东西比较少。被表扬的那一组孩子大约有65%倾向于选择较容易的任务，而没有得到表扬的那组孩子选择较容易任务的只有45%。被表扬很聪明的孩子更倾向于逃避挑战而选择容易的任务，这对宣扬"表扬法"的人来说不定是一个打击。但是，更糟的还在后面。

在实验的第三阶段，研究者让孩子们解答更多的谜题。这一次的谜题比第一次的更难，因此大部分孩子都做得不太好。做完之后，每个孩子都被询问有多喜欢解答这些谜题，以及他们回家后还会不会继续做。结果，两组孩子表现出戏剧性的差异。得到表扬的那组孩子不如另一组孩子觉得谜题有趣，因而回家继续解答谜题的意愿也不如另一组孩子强烈。

实验的最后阶段给支持表扬法的人带来了更坏的消息。在做完较难的谜题解答之后，研究者让孩子们进行了最后一次测试。最后的这套谜题和实验开始时孩子们做的第一套谜题一样容易，虽然两组孩子在做第一套谜题时得到的分数不相上下，但最后这套谜题得分却显示出较大的差异，被表扬很聪明的孩子的得分远远低于另一组孩子。

为什么表扬会对孩子产生如此违反人们一般直觉的破坏性影响呢？穆勒和德维克认为，这是由几个因素导致的。告诉孩子他们很聪明可能会让他们感觉良好，但也促使他们害怕失败因而避免挑战，因为他们担心自己万一没有成功，就会显得很难堪。此外，告诉孩子他们很聪明无异于暗示他们无需努力就可以表现得很好。由此，孩子就会缺少动力来努力付出，因而更可能失败。遗憾的是，如果他们接下来得到了较低的分数，他们的动力甚至可能被完全摧毁，从而产生一种无助的感觉。毕竟，低分数意味着他们不如被表扬的那么聪明,而他们对此是无能为力的。

那么,这是不是说所有的表扬都有害呢?实际上,穆勒和德维克实验中还有一组孩子得到了真实的反馈"干得好,你答对了80%"之后,也得到了一句简短的表扬。不过,这次研究者只是指出他们一定是很努力才取得了这么好的成绩,因而表扬的是他们的努力而非能力。这组孩子与其他两组孩子的表现很不一样。当让他们选择挑战性任务或容易的任务来做时,只有10%的孩子选择了容易的任务。

实验结果清晰地表明,表扬孩子的努力和表扬孩子的能力导致了迥然相异的结果。穆勒和德维克认为,因为努力而受到表扬的孩子会更有动力尝试挑战,而不会考虑尝试的结果,因而不会害怕失败。于是,对学习的渴望超过了对失败的害怕,因而他们更愿意选择挑战性的任务而不是容易的任务。同时,这些孩子更有动力在未来的测试中继续努力,因而更有可能获得成功。而且,即便他们在未来失败了,他们也会很容易将自己的失败归咎于努力不够,而不会产生丧失自信的无助感。

父母们很容易掉进夸奖孩子聪明有天分,从而使孩子感觉良好的陷阱。对孩子应该表扬他的努力、专心和勤奋等。例如,当女儿在考试中拿到好成绩的时候,我们可以说:"我看到你最近一直都在努力复习,连你最喜欢看的动画片也不看了。你为之付出了那么多的努力,你表现得多么优异。"

把握黄金时间

孩子在成长过程中要寻求团体归属感和占一席之地的重要心理需求，同时也是情感依赖的需求、被接纳的需求和被关注的需求。"家"是孩子最初参与的团体，孩子的需求能否首先在父母那里得到满足是孩子以后以何种方式进入其他团体的重要因素。

肖卉夫妻因为工作忙，几乎没有什么时间陪小凯玩，多数时候是他一个人玩电脑，周末有时间也是肖卉一个人带他去各种兴趣班，而且这些兴趣班都是肖卉认为重要的且一定要让小凯参加的。我们可以看到小凯家的家庭成员不能经常在一起活动，都是各干各的，而且小凯在家中没有决策权，一切都要听父母的安排，他在家中寻求归属感和占一席之地的需求得不到满足，就会采用偏差的行为，如向妈妈要钱才肯去兴趣班，来争取权利；用在学校捣乱的行为，来获得父母的关注。

父母了解了孩子的心理需要，用正确的方式让孩子得到满足，慢慢地他就不需要用偏差行为来获得满足了，偏差行为就会慢慢消失。

"黄金时间"是家长与子女双方一起做喜欢的活动的时间。在活动中由孩子主动控制活动的进行，而家长致力于一些改善关系的行为。每周都应该有至少一个"黄金时间"。这个方案共有4个步骤，由家长与孩子共同执行这4个步骤，要让孩子感到家长对这件事的重视。"黄金时间"对改善亲子关系有很大的功效。

挑选活动。尽可能列出家长与孩子喜欢一起做的活动,越多越好。

这些活动需要在30～45分钟内做完，并且花费金钱不多。由孩子挑选10～12项。例如：去公园玩，骑自行车锻炼身体，开车兜风，拼图，玩电脑游戏等。

订下"约会"。每周最好有一次或更多的"黄金时间"。双方必须约好每次"黄金时间"的日期、时间并在日历上写清楚。若有急事，可以改期。家长认真对待约会能使孩子感受到被重视。

家长新模式。在"黄金时间"里，让孩子决定活动的进行，家长则把注意力放在改变言语及行为的模式方面。以下三类言语及行为是应该增加的：

嘉许——例如："你做得很在行。""我看得出你很细心。"

描述——例如："你很喜欢画画。""你正在细心观察，看看有没有认识的名字。"

接触——家长与孩子有身体上的接触，例如拥抱、拍拍孩子的肩膀、握手、亲吻孩子的脸、让孩子拉着你的手等。

同时，应该避免或减少以下的话语：

质询——例如："你可不可以走得慢一点？""为什么你不把它收拾好？"

命令——例如："不许碰那个。""赶快坐好。"

批评——例如："你不应该发脾气。""你这样做是错的。"

家长会发觉孩子对1～3类所描述的语言及行为有正面的反应，会表现得越来越积极、有自信、开心和合作。而对4～6类中所描述的语言及行为表现出退缩、紧张或者抗拒。

活动后讨论。每次"黄金时间"结束后,最好家长能与孩子一同讨论各人的观察和感受。家长应特别注意孩子所说的话,以增加对孩子内心的了解,并且多向孩子说些鼓励的话。

20美金的价值

一位爸爸下班回到家很晚了,他很累并有点烦,发现他五岁的儿子在门旁等他。"爸,我可以问你一个问题吗?"

"什么问题?"

"爸,你一个小时可以赚到多少钱?"

"这与你无关,你为什么问这个问题?"父亲生气地问。

"我只是想知道,请告诉我,你一个小时赚多少钱?"小孩哀求。

"假如你一定要知道的话,我一小时赚20块钱。"

"哦,"小孩低下了头,接着又说,"爸,可以借我10块钱吗?"

父亲发怒了:"如果你只是要借钱去买毫无意义的玩具的话,给我回到你的房间并上床。好好想想为什么你会那么自私。我每天长时间辛苦工作,没时间和你玩小孩子的游戏。"

小孩安静地回到自己的房间并关上门。

父亲坐下来还在生气。后来,他平静下来了。开始想他可能对孩子太凶了——或许孩子真的很想买什么东西,再说他平时很少要过钱。

父亲走进小孩的房间:"你睡了吗,孩子?"

"爸,还没,我还醒着。"小孩回答。

"我刚刚可能对你太凶了,"父亲说,"我将今天的气都爆发出来了——这是你要的 10 块钱。"

"爸,谢谢你。"小孩欢叫着从枕头下拿出一些被弄皱的钞票,慢慢地数着。

"为什么你已经有钱了还要?"父亲生气地问。

"因为之前钱不够,但现在足够了。"小孩回答,"爸,我现在有 20 块钱了,我可以向你买一个小时的时间吗?明天请早一点回家——我想和你一起吃晚餐。"

统一教育态度

小凯喜欢妈妈陪他玩,起初总是低声低气地问妈妈:你可以陪我玩一会儿吗?然而母亲看到孩子没有什么动静,就继续忙于手头工作,孩子急了,就一改往日的温情,直接大喊大叫:妈妈过来,陪我玩会儿。结果妈妈迅速地跑过来了。又一次,小凯又在叫妈妈陪他玩,这次就直接大喊大叫了,妈妈一琢磨上次喊了,也没有发生什么事,就继续拖延了一会儿。这时小凯看前期喊叫不管用,就采用顿足捶胸的方法喊妈妈,这时,妈妈看形势不妙,又赶紧过来哄了。久而久之,小凯脾气越来越大了。最近的表现是,每到小凯在街上看到自己想要的东西,就直接说"我要,给我买",父母稍有迟疑，就开始顿足捶胸，大喊大叫。

父母请教心理专家后，心理专家提醒，在孩子好声好气请求关心时，妈妈没有给予反应，而孩子大喊大叫，顿足捶胸时，妈妈就及时来到身边。正是妈妈不合时宜的关心，强化了小凯哭闹的行为：因为哭闹总能凑效。专家建议采用消退技术：一旦小凯大喊大叫，父母就置之不理，任凭哭闹，一旦小凯表现平稳，不哭不闹，妈妈就及时关注，给予关怀。经过几天的努力，小凯的脾气好像慢慢好起来了。

然而一段时间训练之后，奶奶过来住在一起，当看到小凯又一次哭闹，妈妈知道，小凯又在寻求特定的关怀和特定的支持，"老毛病"又犯了，不给予关注，就哭给你看。因此打算继续采用消退技术。对于小凯的哭闹不予理会，任其发展。这时，奶奶挺不住了，走过去百般哄劝，并且训斥孩子的父母对孩子太不关心了。如此一来，小凯的脾气又长起来了，使得小凯的前期调整半途而废了。

奶奶的出现，给小凯撑了腰。奶奶与父母态度的不一致，给了孩子钻空子的机会，也给孩子带来了新的困惑，到底应该保持什么方式才能得到父母的关注？对孩子过度保护并且纵容，这样孩子会变得不服从，也不能去克制自己。

在教育方面，家长之间的教育态度一定要高度统一。如果一方责备孩子时，而另一方阻止并安慰孩子，这样做只会让孩子学会察言观色，对于自己的行为准则莫衷一是。只有家长间教育方式一致，孩子才不会见风使舵；只有家长间教育方式一致，孩子才不会混乱，也不会困惑，反而能慢慢建立起内在规矩来，形成稳定的自我约束力和自我承受力。

合理的教育方式是温和而又态度坚定的。父母与孩子沟通时，语气要委婉而温和，而要求孩子遵守规则时，态度和语气要坚定。

结束语

现今的社会生活节奏快，知识爆炸，育儿的书籍、网络文章、专家演讲铺天盖地，家长们希望能用最短的时间、最简单的办法解决孩子的问题。而养育孩子不仅需要知识，更需要智慧。智慧是能将知识有效地应用到实际生活中，并不断总结、升华、最终内化来指导行为的过程。孟子曰："博学而祥说之，将以反说约也。"意思是说学习不能照本宣科死搬硬背，应结合实际，学以致用。家长要用知识武装自己，在养育孩子的过程中不断地观察、体验和感悟。科学的育儿知识加上用心陪伴孩子的时间和爱才能浇灌出健康、自信、聪明的孩子。对孩子的爱是指对孩子的无条件的接纳，只有爱，才是维系孩子和家长之间的纽带，爱可以改变孩子，能得到父母充足的爱、支持、赏识的孩子，他们内心的力量更强大，更加有自信。

心灵链接

快乐父母10问

现在的父母关爱孩子的程度远远超过以往,但是内心的焦虑却常常使自己教育的方式出现偏差,就像一位母亲说的:"我的孩子有那么多问题,我怎么能快乐起来?"

要想成为快乐的父母,让孩子快乐的成长,请来回答以下10个问题:

1. 我是否常担心孩子的一些小毛病,将来会变成改不掉的坏习惯?

2. 我是否常提醒或催促孩子做一些事,如起床、吃饭、做功课、睡觉等?

3. 我是否常在处罚孩子之后感到后悔?

4. 我是否常担心孩子不送去兴趣班将来会比不上别人?

5. 我是否常怀疑自己的教育方式不对?

6. 我是否常为孩子做一些他能做的事?

7. 我是否常为孩子在公共场合哭闹而感到难为情?

8. 我是否常出面制止孩子间的吵架?

9. 我是否常拗不过孩子的要求而答应了原先不同意的事?

10. 我是否常对孩子的一些表现感到不满意?

如果答案中有越多的"否",那么恭喜你,你是一位快乐的父母。

如果答案中有越多的"是",说明你对孩子的教育忧虑过多。

后记

本书终于出版，尽管不尽如人意，毕竟算是对机关咨询中心二年工作的一个总结，给在机关工作朋友们的一个交待，也是和心理学同行的点滴分享。

这本小册子的形成，最初源于与审计署心理健康促进项目的资料整理，然后是中国纪检监察学院心理健康促进项目的进一步合作，心理学同仁有志于为中央国家机关、中央直属机关干部职工提供心理讲座、科普报告和辅导活动，但是机关工作人员工作繁忙，总是无暇顾及，因此就有了专为供机关干部职工写一些心理调适科普读物，以便在内部网阅读的初步尝试。

2008年12月，在上级领导的关怀和支持下，中央国家机关工委、中国科学院工会、中科院心理所三家联合成立了"中央国家机关职工心理健康咨询中心"，通过热线辅导、访谈评估、心理咨询、心理治疗等渠道，我们认识更多的机关朋友，倾听了更多的心情故事，积累了更多的素材，更多地了解了机关公职人员的心理感受和心路历程，也培养了一支能说，能想，能写的咨询师队伍，就有了将内部读物编辑成册的意愿。

然而汶川大地震后，因为从事灾后心理援助工作，往返北川、玉树、舟曲等地，一直忙乱，未能停歇下来。到了2010年后期，中央国家机关职工心理健康咨询中心配合中央国家机关团工委，参与组织"名家谈心理"活动，12次的大型报告，数千人次聆听，其场面之壮观，机关朋友对于心理学热情之高涨，兴致之浓烈，大大激发了我们出版这本小册子的兴趣和信心。

于是，开始确立提纲，选择题目，讨论体例，完成样章，分别组稿，集中讨论和修改等一系列快乐而复杂的过程。最初的书稿写作思路几乎完全被推翻，最初的文字也基本看不到踪迹，但是我们还是遵循了让灵魂跟上自己的脚步，让紧张忙碌的生活节奏慢下来的理念。

本书的形成，要感谢中央国家机关工委、中国科学院工会、中国科学院心理研究所三家联合组建的"中央国家机关职工心理健康咨询中心"这个平台，要感谢中央国家机关团工委、中科院心理所、中科院研究生院、中残联团委联合举办"名家谈心理"系列讲座这个机缘，要感谢中科益普发展咨询有限公司在出版过程中的大力支持，要感谢为此书付出艰辛劳动的各位编写者。还要感谢为此书出版付出很多、专业而耐心的李欣利编辑。

感谢中央国家机关团工委张璐书记对心理健康事业的关注与支持，感谢中科院心理所傅小兰所长、李安林书记、张建新副所长对机关职工心理健康服务工作的推动和指导，感谢老所长张侃教授亲自撰写序言。

鉴于编者们的水平有限，对机关工作了解不够，经验不足，本书一定还存在不少问题，还有很多有待提升的空间，但愿有机会在再版时完善和提高。

敬请读者批评指正。

编者
2011 年 3 月